Über das Buch

Das Leben birgt so viele schillernde Facetten. Um diese lyrisch zu beleuchten, habe ich aus meinem Fundus Gedichte ausgewählt, die einen Bogen von der Geburt bis zum Tod spannen. Manche weisen autobiografische Züge auf, andere entstammen aus der Identifikation mit urmenschlichen Charakteren und Situationen und viele bespielen die Lebensbühne mit Texten zwischen Fantasie und Erfahrung.

Das vorangestellte Kapitel „Vom Schreiben und Lesen" soll die Leserinnen und Leser auf meine Art der lyrischen Betrachtungsweise einstimmen.

Die Wahl aus der Fülle von Gedichten ist mir nicht leichtgefallen, da ich mich auf die vorliegende Seitenzahl beschränken wollte. So werden wohl noch weitere Bände von „Meine Lebensgedichte" folgen.

Hans-Werner Lücker im Dezember 2017

Über den Autor

Hans-Werner Lücker, geboren 1953, ist pensionierter Gymnasiallehrer mit den Fächern Mathematik, Physik und Informatik. Er widmet sich seit fast zehn Jahren dem Schreiben und dabei vor allem der Lyrik.

Sein Erstlingswerk „Gedanken stapeln, Worte pflegen, Sprüche klopfen" erschien im Dezember 2016, gefolgt von der Geschichtensammlung „Das Klassenbuch" im August 2017.

Zur Zeit folgt er unter dem Arbeitstitel „Ich war immer schlecht in Mathe!" in Episoden den Spuren eines vermeintlichen Kavalierdeliktes.

Hans-Werner Lücker

Meine Lebensgedichte

**Lyrische Betrachtungen
zwischen
Geburt und Tod**

www.tredition.de

Ich freue mich über eine Rückmeldung auf meiner
Facebook-Autorenseite:
www.facebook.com/hanswernerluecker

© 2017 Hans-Werner Lücker

Verlag: tredition GmbH, Hamburg
ISBN: 978-3-7439-8436-3 (Paperback)
       978-3-7439-8437-0 (Hardcover)
       978-3-7439-8438-7 (e-Book)

Printed in Germany

INHALT

Prolog

Ich sehe

Ich sehe noch das kleine Kind,
als sei 's grad gestern erst gewesen.
Es fragt die Mutter ernst beim Lesen,
ob Tote wirklich Engel sind.
Es hofft, dass sie bei Gott genesen.

Ich sehe noch den jungen Mann,
dem grad' sein erstes Kind geboren.
Er fährt vor eines Friedhofs Toren,
und zieht im Auto Schwarzes an.
Er hat den Großpapa verloren.

Ich sehe noch den reifen Mann
in seiner Mutter letzter Stunde.
Es brennt in ihm die größte Wunde,
die einen Menschen schmerzen kann.
Er schmeckt das Salz in seinem Munde.

Ich sehe schon den müden Greis,
gebückt vor einem blinden Spiegel.
Er greift in einen schwarzen Tiegel
und schminkt die Haut in mattem Weiß.
Er selbst bestimmt des Todes Siegel.

Vom Schreiben und Lesen

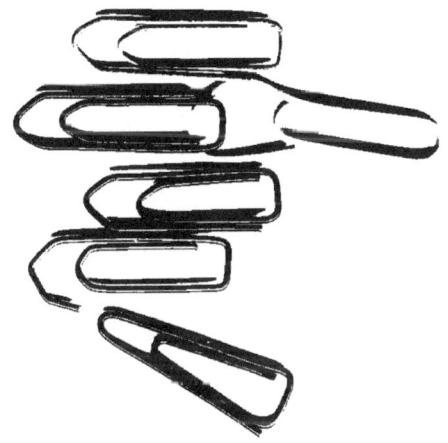

Eins zu keins

Wer glaubt, ich schreibe eins zu eins,
hat 's Spiel um 's Wort glatt schon verloren.
Ich sage „meins" und meine „deins"
und umgekehrt – wie 's grad geboren.

Mein Wort biegt Balken – und auch nicht,
es spricht zu Hinz und Kunz verschieden.
Der Leser mixt sich seine Sicht –
und damit bin ich dann zufrieden.

Wer glaubt, ich schreibe eins zu eins,
der sollte mir – bei Gott – misstrauen.
Ich fange Kinder, fresse seins
und morde nächtens lustvoll Frauen.

Keine Sau

Ein Buchhändler folgt meinen Pfaden,
vertreibt so mein Buch – nicht zum Schaden
für ihn. Ich berichte:
„Demnächst gibt 's Gedichte!"
„Die kauft keine Sau hier im Laden!"

PS: Lyrik wird viel geschrieben, mäßig gelesen und kaum gekauft.

Der Kuss der Muse

Das erste Wort – ein Augen-Blick
Die erste Zeile – scheuer Kuss
Die erste Strophe – Zärtlichkeit
Die zweite – auf dem Weg zum Glück
Die letzte – purer Hochgenuss
Das Ganze – in Zufriedenheit

Vorsatz und Nachsatz

Genau wie ich mich nie zum Schreiben zwang,
so dacht' ich kaum, wenn ich nicht dichte
und mich mit Vorsatz einem Stopp verpflichte,
dass in mir brodelt solch ein starker Drang.

Die Selbsterkenntnis ist kein schwerer Gang.
Sie will nicht, dass ich über mich selbst richte.
Doch fordert sie, wenn ich die Wahrheit sichte,
zu lauschen meiner innren Töne Klang.

Komm – du mein Stift und schreibe auf Papier,
was ich erzählen will im Jetzt und Hier
und stell den Vorsatz schweigend in die Ecke.

Nicht dass ich nie mehr was versprechen mag,
doch leg ich dabei meinen Freigeist an den Tag:
So dient der Nachsatz hier sich selbst zum Zwecke.

Es muss nicht immer Tango sein

Bisweilen hält ein Schreiber das Sonett
– mit seinem streng gehaltnen Regelwerk –
bezüglich Wortfreiheit für ein Korsett
und schenkt ihm ungern dann sein Augenmerk.

Auch umgekehrt stört sich 's Sonett mitunter
daran, dass man sich seiner Form bedient.
Vor allen Dingen leidet es darunter,
wird seine Reinheit zotenhaft vermint.

Wie überwindet man die Diskrepanzen
und wie behebt man beiderseits das Manko?
Vielleicht hält man es einfach wie beim Tanzen:
Man tanzt nur – passt Musik und Stimmung – Tango.

Auf dass 's Sonett nicht den Poeten drängt
und der nicht plump sich ins Sonettkleid zwängt!

Bleierner Stift

Drehst du deinen Bleistift taub zwischen den Fingern?
Wird er immer schwerer und findet kein Thema?
Spürst du, dass sich Muße und Freude verringern?
Dann wechsele schleunigst dies krampfhafte Schema:
Bar Inspiration ist 's kein Schreiben – nur Schlingern.

Der Dreiklang

Quartette und Terzette im Gespräch

„Komm' – folge meinen Jamben, die höchst nett
zu fünft im Rhythmus vor dir Reime tanzen,
die männlich oder weiblich – für Emanzen –
beenden vier der Verse – sprich Quartett."

„Du bist damit noch lange kein Sonett!
Vermeide stets im Inhalt Diskrepanzen
zur Lyrikform. Drum lausche nun im Ganzen
dem ersten und dem zweiten Wort-Terzett."

„Das führende Quartett birgt eine These,
auf dass man dann im nächsten weiterlese:
Wie ist die Antithese formuliert?"

„Es folgt – was sinnhaft sich Synthese nennt,
die ihren Platz in uns Terzetten kennt
und das Sonett zum Dreiklang komplettiert."

PS: Für das englische Sonett (drei Quartette und ein Couplet) gilt eine entsprechende Einteilung des poetischen Inhaltes. Etwas humorvoller ausgedrückt:

Seit William weiß ein Schreiberling hienieden:
Ein stimmiges Sonett auch nett zu dichten
ist etwas mehr als Vers und Reim zu schmieden
und schnöde Episoden zu berichten.

Ode an ein Gedicht

Allein schon deiner Worte Klang
lässt meine Seelensaiten schwingen.
Mein Herz erfüllt mit Überschwang
das Lied, das deine Verse singen

Wenn 's dir dann noch gelingen will
mich tiefsemantisch einzufangen,
dann hält mein Denken nicht mehr still –
ich muss an deinen Grund gelangen.

In Wellen deiner Sprache Meer
treib ich im Rhythmus deiner Zeilen
und schwimme hinter Worten her,
um fühlend darin zu verweilen.

Wenn du mich dann – so aufgewühlt –
umschließt mit deines Sinnes Händen
und Klarheit meinen Kopf durchspült,
dann kann mein Tauchen – in dir enden.

(K)Einen Reim darauf gemacht

Verfehlend meines Geistes Bahnen,
les' ich manch Zeilen auf Papier.
Ich kann nicht deren Wert erahnen
– vielleicht liegt es doch nur an mir.

Vielleicht liegt 's aber an den Zwängen,
wenn Schreiber sind nur formbedacht?
Auf Reime, die den Sinn verdrängen,
hab' ich mir keinen Reim gemacht.

Die Person hinter dem Wort

Beim Lyriklesen folge ich dem Ton,
den ich aus Worten glaube leis zu hören.
Mal will sein Klang gefallen mir – mal stören.
Doch kenne ich damit den Schreiber schon?

Mir scheint, dass die der puren Illusion
das Feld bereiten, die in lauten Chören
ein Loblied oder Abgesang beschwören
mit Fokusblick allein auf die Person.

Dann geht die Post ab: Es wird spekuliert
und – war 's dann deftig – heftigst reagiert.
Mein Gott – was habe ich da schon erlebt!

Mag sein, man deutet es als Arroganz,
dass ich dann immer müh mich um Distanz,
wenn Beifall an mir fremden Händen klebt.

Geburt und Kindheit

Die Kleine

Dort auf dem Bauche ruht die Kleine,
die eben noch darinnen lag.
So winzig, zart die Arme, Beine –
ein Däumchen, das gesaugt sein mag.

Sie sucht mit ihren Kulleraugen
der Mutter liebevollen Blick.
Momente, die für 's Leben taugen
als beider Start ins neue Glück.

Erschöpft noch nach den letzten Stunden,
entlässt die Mutter ihren Schmerz
und lauscht im Takte der Sekunden
des kleinen Mädchens hüpfend' Herz.

Die Träne – still am Augenrand –
gehört derweil der Großmama.
Sie hält dem eignen Kind die Hand
und dankt zurück, als sie 's gebar.

Sei lieb mein Kind

Sei lieb mein Kind und weine nicht –
der Krieg will Opfer von uns allen.
Auch Vater tat nur seine Pflicht:
er ist für unsren Schutz gefallen.

Sei stark mein Kind und zweifle nicht –
wir werden unsren Weg schon schaffen.
Bevor die nächste Nacht anbricht,
entkommen wir der Roten Waffen.

Halt durch mein Kind und klage nicht –
kriegst du heut auch kein Stückchen Brot.
Und wenn es dir im Bäuchlein sticht,
dann weißt du doch: Du bist nicht tot.

Schlaf ein mein Kind und fürcht dich nicht –
ein Engel wird die Angst vertreiben.
Fehlt in der Scheune auch das Licht,
so dürfen wir die Nacht doch bleiben.

Es weint ein Kind allein im Stroh –
die Tränen beten stillen Willen:
Mach – lieber Gott – die Mama froh
und hilf mir Pflichten zu erfüllen.

PS: Nach der Lektüre des Buches von Sabine Bode „Die vergessene Generation – Die Kriegskinder brechen ihr Schweigen" meine ich erahnen zu können, was die Geburtsjahrgänge 1930 – 1945 (insbesondere die Flüchtlingskinder) erleben mussten und welche Folgen die traumatischen Ereignisse noch heute bei den Betroffenen womöglich haben.

Opas Erklärung

In den Ferien weilte ich
oft als Kind im Westerwald.
Omas Küche nährte mich,
Opas Zeit dem Garten galt.

Abends wurde ferngeschaut –
Oma schlief bald ein – es drang
aus dem Sessel – ziemlich laut –
ein Geräusch, das seltsam klang.

„Opa hör – die Oma schießt!"
„Sie hat nur die Haut zu kurz.
Just, wenn sie die Augen schließt,
öffnet sich 's Gesäß zum Furz!"

Der böse Wolf und der Korb

„Was trägst du im Körbchen für herrliche Früchte!
Ob ich davon etwas wohl naschen jetzt kann?"
„Mich lehrte die Mutter: ‚Spricht wer so, dann flüchte,
denn niemals will Gutes von dir solch ein Mann!'."

„Vertrau mir – ich habe sie oft schon genossen.
Sie knospen und reifen erst in meiner Hand.
Drum öffne dein Körbchen und sei unverdrossen –
doch sage es niemand, sonst bin ich imstand ..."

„Ich merke – du willst nur die Unschuld mir rauben
und kreidest die Stimme, mit der du nun drohst!
Nur eines doch tat mir die Mutter erlauben:
‚Gib ihm einen Korb und dann schreie erbost!'."

PS: Liebe Eltern, macht eure Kinder stark und selbstbewusst!

Das kleine Wölkchen

Ein Gute-Nacht-Gedicht

Das kleine Wölkchen Zeit verschlief,
zu lange spielte es im Wind.
Besorgt die Mutter Sonne rief:
„Wir gehn jetzt schlafen – komm mein Kind!"

Das kleine Wölkchen lief und lief
– ach wenn es doch gefunden hätt'
den Weg aus diesem dunklen Tief
nach Haus zu seinem Himmelsbett.

Das kleine Wölkchen machte „Schnief".
Sein Weinen hörte Vater Mond,
der Nachtschicht hielt und zu ihm rief:
„Weißt du nicht mehr wo Mutter wohnt?"

Das kleine Wölkchen schluchzte nur.
Drum rief der Mond die Sternenschar.
Die leuchtete als helle Spur
den Heimweg ihm ganz wunderbar.

Das kleine Wölkchen ruht jetzt still.
Im Traum sieht es ein Engelein.
Das summt: „Was ich dir singen will:
Du darfst jetzt richtig müde sein!"

Jugend

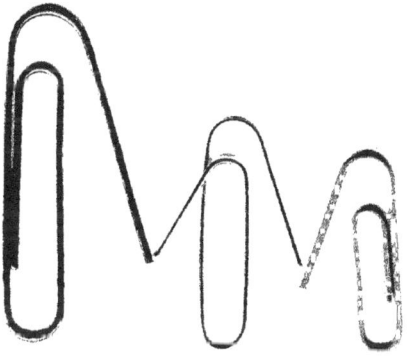

Wann?

Vor ihm steht ein junger Mann.
Aus den Augen schaut das Kind,
fragt ihn stumm:„ Wann endlich – wann
weiß ich wie die Dinge sind?"

> Vor ihm steht ein alter Mann.
> Aus den Augen strahlt noch Kraft,
> sagt ihm stumm: „Du merkst es dann –
> irgendwann hast du 's geschafft!"

Seine Zweifel zeigt er nicht,
nicht die Angst, die an ihm nagt.
Optimismus – Wunsch als Pflicht –
hofft darauf, dass er ES wagt.

Das Lamm und der Adler

Er zieht bereits für eine g'raume Weile
am Himmel seine Kreise über 's Grün,
auf dem sich Schafe um ihr Mahl bemühn
und scheint dabei nicht in geringster Eile.

Sein scharfes Auge ruht auf einem Bündel,
das sich an Mutters weiche Wärme schmiegt.
Das Lamm, das ganz im Schutz der Herde liegt,
ist – ob des Adlers – jedem Schaf ein Mündel.

Des Vogels Kreise engen sich zur Schlinge
und dennoch harrt geduldig er der Dinge –
sein Trieb entbehrt der Bitte jedes Klägers.

Da – plötzlich springt das Lämmchen frech und keck
aus der Gemeinschaft der Besorgten weg
und spürt – entführt – den Krallengriff des Jägers.

Achteinhalb Jahre

Vor achteinhalb Jahren – zusammengefunden –
stand euch noch die Spannung auf kindlicher Stirn.
Doch bald waren Scheu und Bedenken verschwunden –
das Lernen verlegte Kanäle ins Hirn.

In achteinhalb Jahren gemeinsamer Stunden
habt ihr euch gemüht – bisweilen auch nicht,
das Rechnen zu lernen, geleckt eure Wunden,
wenn ich vor der Kür appellierte an Pflicht.

Nach achteinhalb Jahren seid ihr jetzt entbunden:
Ihr geht in das Leben als Frau und als Mann.
Mein Uhrzeiger dreht nun die letzte der Runden:
Was ich immer tun wollte, wird bald getan.

Kinderkarneval

Zwei Mädchen stehen vor der Schule,
geschminkt, gestylt und aufgeregt.
Ich kann im Blick das Kind noch sehen,
doch Kindliches sie nicht bewegt.

Verführt an Karneval der Weiber,
geschluckt wird hastig s' Fläschen Sekt.
Nur wenig Stoff wärmt ihre Leiber.
Sie haben 's „Groß-Sein" heut entdeckt.

Wer ist das Vorbild zu dem Drang?
Was denken sich die beiden wohl?
Die Großen lehren sic den Zwang:
Man fühlt sich frei mit Alkohol!

Aufgefangen

„Reiß dich zusammen, streng dich an!",
so hörte er die Mutter sagen.
„Du bist nur faul, du bist kein Mann!",
tat lauthals stets der Vater klagen.

Die Eltern hatten keinen Blick
in seine junge, kranke Seele,
verkannten restlos sein Geschick
und fragten nie, was ihm denn fehle.

Er zog sich von der Welt zurück,
blieb Schule fern, vor der ihm graute.
Doch hatte er dabei noch Glück,
weil 's einen gab, der IN ihn schaute.

Sein Lehrer ahnte mit Gespür,
dass hier ein junger Mensch in Not.
Er öffnete die Herzenstür
und zog ihn wieder in das Boot:

Er sprach ihn an und fing sie auf
– die pure Angst in Wortlawinen.
Der Seele Starre kam in Lauf,
entgleistes Ich fand seine Schienen.

PS: Nach meiner Erfahrung wird die Dunkelziffer der psychisch er-
krankten Jugendlichen an bundesdeutschen Schulen unter-
schätzt. Zu selten kann ein zwar pädagogisch erfahrener, aber
psychologisch nicht(!) ausgebildeter Lehrer einen Fingerzeig in
die richtige Richtung geben, bevor Schlimmeres passiert. Ich
finde es skandalös, dass unsere Gesellschaft – samt der sie vertre-
tenden Politik – es nicht schafft, an **jeder** Schule einen Sozialarbei-
ter, Psychologen o.ä. einzusetzen.

Notendruck(er)

Eintausendachtzig – alle Schüler
erhalten jeweils dreizehn Noten.
Dabei wird 's dunkel – draußen kühler.
Mein Hirn sinniert dank dieser Quoten.

Der Drucker hat sie ausgespuckt –
Erfolg und Leid des Schülerlebens.
Die Frage, wen das später juckt,
sucht ihre Antwort oft vergebens.

So mancher Primus einer Klasse,
der sich nur müht, weil 's Punkte bringt,
geht später unter in der Masse,
weil notenlos ihm nichts gelingt.

Stopft man die Jugend nur in Ränge,
geht wahrer Bildungshunger flöten.
Man schafft ein Umfeld voller Zwänge,
wo „frei im Geiste" wär' vonnöten.

Söhne ohne Väter

Er war mein Vater – laut Papier,
mehr konnte er mir doch nicht sein.
Ins Männerleben wies er mir
nie einen Weg – ließ mich allein.

Sein eigner war schon früh gestorben,
drum lehrte ihn die Mutter bloß:
Damit ein Kind bleibt unverdorben,
nimm es mal sonntags auf den Schoß.

Verantwortung konnt' er nicht leben,
obwohl ich denk' – er liebte mich.
Es musste sich wohl so ergeben,
dass er ließ Frau und Kind im Stich.

Das Glück in meinem Leben wollte,
dass Opa lehrte mich die Dinge,
die Sohn vom Vater lernen sollte,
damit das Mannsein ihm gelinge.

Dazu gehört, dass Mann und Kind
sich messen in – was falsch, was richtig,
bis eines Tags der Sohn gewinnt.
Für beider Rollen ist dies wichtig.

Der Vater hat sie abgegeben,
der Sohn kann sie alleine tragen:
Verantwortung für 's junge Leben.

„Mein Sohn, ich geb mich heut geschlagen!"

Mitten im Leben

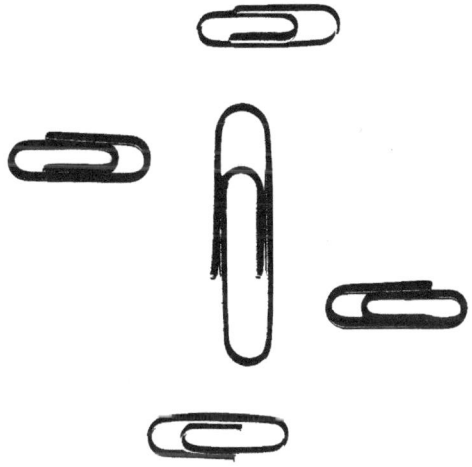

Das ganze Ich

Das Leben schreibt dir die Geschichten,
die du vielleicht vergessen magst.
Doch können sich die Schleier lichten,
wenn du dich nur zu schauen wagst.

Lehn dich zurück und lies mit Ruhe,
denn jedes Wort entschlüsselt dich.
Es öffnet deines Lebens Truhe –
und du entdeckst dein ganzes Ich.

Der Zeigefinger

Ich liebe jeden Finger einer Hand -
den Daumen, der das Greifen möglich macht,
den Kleinen, der grazil und auch galant
sich abspreizt, wenn beim Tee die Dame lacht,
den Schlanken, der dazu erkoren ist,
dass Liebestreue ihm den Ring ansteckt
und den, wenn er Gerechtigkeit vermisst,
sich drohend aus der Mitte aufwärts streckt.
Den Spitzen doch mag ich nur, wenn er schweigt
und er sich niemals mir erhoben zeigt.

Boje

Sich treiben lassen, dennoch ruhn
im Strom, im Auf und Ab des Lebens.
Den Standpunkt zeigen, trotz des Strebens
mit Hin und Her nach neuem Tun.
Und droht ein Sturm, droht er vergebens.

Der Schattenmann

Er folgt dir stets mit leisen Schritten
und freut sich, dass dir 's vor ihm graust,
wenn du – mit deinem Glück zerstritten –
nicht mehr ins Licht der Sonne schaust.

Er wächst zu imposanter Größe
und droht durch seine Riesenhand
mit Tausch des Guten gegen 's Böse –
des Fundamentes gegen Sand.

Eh seine Kräfte dich zerdrücken,
weil seine Macht zu weit gedieh'n,
zeig ihm gelassen deinen Rücken –
dein Blick ins Licht entzaubert ihn.

Ein Fall für den Einfall

Der bloße Einfall hat das Recht
verwegen – gar verrückt – zu sein,
doch oft genug gerät er schlecht,
denkt er kein Stück im Vorhinein.

Wenn blind ein Wunsch Erfüllung fordert
und meint, die Folgen sei'n ihm schnurz,
dann hat er Frust gleich mit geordert:
Vom Ein- zum Reinfall ist's nur kurz.

Frage einer Niederlage

Das Schicksal einer neuen Niederlage,
nachdem du eine schon im Spiel erlittest,
liegt in der Antwort auf der Ersten Frage,
ob du draus lerntest oder drüber strittest.

Heustrecke

Ein Ochs sollt' einen Karren ziehen,
geladen mit dem allerfrischsten Heu.
Da seine Lust nicht weit gediehen,
verhielt er sich recht arbeitsscheu.

Auch spürte er zu großen Hunger,
um kraftvoll seine Pflicht zu tun.
Dabei war er noch ein ganz junger
– zu jung, um sich nur auszuruhn.

Urplötzlich zog er doch den Karren,
denn Heu hing dicht vor seinem Maul.
Der Bauer hielt 's – und ihn zum Narren.
Der Ochse war nun nicht mehr faul.

Er folgte dem Geruch des Grases
– der Reiz darin erschien ihm neu.
Er zog den Karren und vergaß es,
dass dieser selbst war voller Heu.

Krankes Haus

Ich fühl mich eigentlich gesund,
doch zwickt und schmerzt es hier und da.
Es läuft nicht alles mehr so rund,
wie 's noch vor dreißig Jahren war.

Heut soll es ein Professor sein,
denn der kennt sich am besten aus.
Ich stell mich zwar auf manches ein,
doch will ich wieder schnell nach Haus.

Beim Eintritt in den Klinikbau,
getönt in Flurgraukittelweiß,
wird 's mir sofort im Schädel flau –
die Stirn zeigt einen Tropfen Schweiß.

In Wartezonen aufbewahrt,
erblick ich Leid im ganzen Rund.
Ich hoffe, dies bleibt mir erspart,
denn eigentlich bin ich gesund.

Die Röntgendame strengt sich an –
die Schnellste ist sie aber nicht.
Drum schreibe ich beim Warten dann
zum Zeitvertreib nun dies Gedicht.

Jetzt sitze ich noch immer hier –
Gedicht schon fertig – ich will raus!
Noch fünf Minuten geb ich mir,
sonst werd' ich krank in diesem Haus.

Professor kommt, prüft 's Röntgenbild,
befühlt den Fuß und tut mir kund:
„Wir machen nichts", er lächelt mild,
„denn eigentlich sind Sie gesund!"

Ode an den Widerspruch

Es lebe hoch dein Widerspruch!
Nicht der des bloßen Kontras wegen –
doch der, der frei von Schimpf und Fluch
tritt jedem Machtgeschrei entgegen.

In Rage bringt dein Widerspruch
just den, der Toleranz dir schuldet.
Ist's Angst, sein Ego ging' zu Bruch,
wenn deinen Widerspruch er duldet?

Zerschneidet wer das Redetuch
und mimt den selbsternannten Richter,
dann schenk ihm deinen Widerspruch –
vielleicht kommt er noch auf den Trichter.

Vom Aufstieg zum Ausstieg

Der Aufstieg ist zwar mühelos geschafft,
doch dann gerät der frühe Mut ins Wanken:
Am Gipfelkreuz erhängt sich seine Kraft
und Schwindel lässt den Boden drohend schwanken.

Sein Weg nach unten führt zur Höllenqual:
Die Hände fassen Ketten, krampfen, klammern.
Das Denken lässt dem Herzen keine Wahl:
Es jagt das dünne Blut durch seine Kammern.

Seit jenem Tag ist nichts mehr wie es war:
Es treiben Berge, Tunnel, Leitern, Brücken
mit ihm ihr böses Psychospiel Gefahr –
wird jemals ihm der Ausstieg daraus glücken?

Zahlen bitte(n)!

Was wär das Shoppen, ohne im Café
sich noch zum Schluss ein Heißgetränk zu gönnen?
Die hübsche Kellnerin – die gute Fee –
verwöhnt uns beide mit Kaffee und Tee
bis ich sie frag, ob wir nun zahlen können.

„Fünf Euro macht 's!" – Ich lege zwanzig hin
und sage: „ Bitte machen Sie mir Sechs!"
„Wonach steht dir denn jetzt der Sinn?"
lacht meine Frau leis – doch die Kellnerin
hat 's wohl gehört und scheint mir recht perplex.

Verzogen

Ich fühle mich heut irgendwie verzogen,
aktiv im Hirn – doch schrecklich lahm im Tun.
Durch meine Hände, die apathisch ruhn,
wird Phantasie in ihrem Woll'n betrogen.

Als seien Valium und Koks die Drogen
– zugleich verabreicht einem blinden Huhn,
so wechselt höchstempfindlich mit immun
und Wirkung scheint den Reizen nicht gewogen.

Ich müsste, könnte eigentlich und will,
doch was mich treibt hält mich auch still.
Der Tag vergeht in Furcht, dass er nicht lohnt.

Ich frag den Himmel in der lauen Nacht:
„Wer hat mir dieses Wechselbad gebracht?" –
Da lacht mich an der beinah volle Mond.

Wer wohl?

Sie zähl'n nicht zu den Lebewesen,
zu Pflanzen nicht und nicht zu Tieren.
Doch willst von ihnen du genesen,
musst du die DNA studieren
und einen Fachmann konsultieren,
sonst gehn sie ohne Federlesen
dir reimbeflissen an die Nieren.

Jahreszeiten und Natur

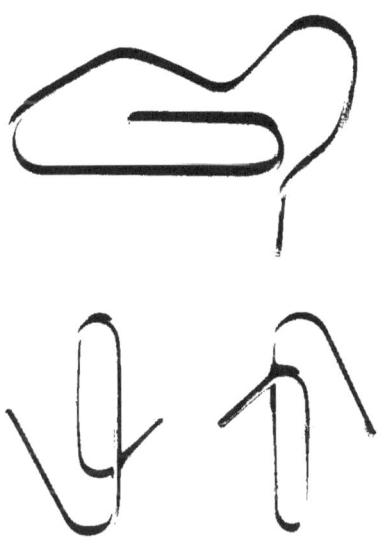

Amselei

Zwei Amselmänner mir zu Füßen
– der Körpersprache bestens mächtig –
sich aufgeregt im Gras begrüßen.
Ihr Hin und Her scheint kaum bedächtig.

Im Rückwärtsgang weicht erst der eine,
als würd' der andre ihn vertreiben.
Dann keimen Mut und Wut: „Zieh Leine!"
und er entschließt sich doch zu bleiben.

Darauf der zweite sich verlegen
im Kreise dreht mit ein paar Schritten.
Da – plötzlich! – ist 's Objekt zugegen,
worum die beiden sich wohl stritten.

Die Amselfrau späht aus den Blättern,
wiegt ihren Körper ganz apart.
Kein Wunder, dass die Männer wettern!

Ich denk bei mir: Der Frühling naht.

Der Drohn

Der Himmel blaut – in lauer Luft die Wolken ziehn.
Es wirbt der Drohn vor seiner Bienenkönigin,

dass sie ihn endlich ließe
dort über grüner Wiese
in allerhöchsten Lüften
mal ran an ihre Hüften.
Der Sache nicht ganz abgetan
erlaubt sie 's ihrem Untertan –
ohn' jegliches Gewissen,
dass er wird 's büßen müssen.
Es währt des Drohnen Glück recht kurz:
Er fällt ins Gras – finaler Sturz.

Der Himmel blaut – in lauer Luft die Wolken ziehn.
Es stirbt der Drohn vor seiner Bienenkönigin.

König der Nacht

Am südlichen Himmel strahlt er voller Pracht –
der Königsplanet offenbart heute sich.
Zur Kette, vier Perlen in tiefschwarzer Nacht,
knüpft er seine Monde auf schnurgradem Strich.

Suchst du diesen Herrn, den ich König genannt,
dann nimm dir ein Fernrohr und schaue gebannt.

PS: Am 30.3.2015

Die junge Kastanie

Wenn morgens noch die zähen Schwaden wallen
und Kälte meine jungen Triebe beißt,
scheint's mir, als wolle dieser Winter dreist
noch immer mich mit seinen Händen krallen.

Der Nebel doch lässt seine Hüllen fallen,
da's Sonnenlicht – die Wiesen flutend – gleißt
auf tausend Tropfen Tau und keck mich heißt:
„Lass hoffnungsfroh die prallen Knospen knallen!"

Mein junger Stamm vertraut auf jenen Mut,
der sich im Tun erweist als höchstes Gut.
Selbst wenn man mich verletzt, heilt doch mein Harz.

Es liegt an jedem selbst, dass er versucht,
das Licht zu finden, ohne dass er flucht.
Nur wer schwarz sehen will, der sieht auch schwarz.

Hochzeit

Der alte Kirchturm räuspert sich –
zu laut sind ihm die Hochzeitsgäste.
Als Pfarrer mag er 's feierlich –
noch tuscheln Blätter, knarren Äste.

Auf seines Glockentons Geheiß
die Baumgemeinde still erwartet
die Birkenbraut in schlichtem Weiß
nebst Pappelmann – die Trauung startet.

Der Kirchturm schenkt mit warmen Klang
den Segen den verliebten Bäumen.
Die Braut weint leis zum Windgesang:
Ein Bild, von dem wir Menschen träumen.

Mohnblütenschicksal

Die Große hat es nicht geschafft.
Sie senkt ihr Haupt – bereit zu sterben –
und schenkt noch ihre letzte Kraft
den Kindern als des Lebens Erben.

Das Kleinste nutzt die Gunst der Zeit
der ersten Sonnenstrahlenwärme,
entfaltet flugs sein Seidenkleid.
Ich halte inne, staun und schwärme.

Nur ein Tag

Benommen noch vom frühen Schlüpfen
putzt sie im ersten Sonnenlicht
behände ihre Silberflügel
und startet in die Morgenluft.

Dort unter ihr am Faden bastelt
ein weiß gemaltes Rückenkreuz,
das nach den zarten Flügeln blinzelt
und noch den Rest vom Vortag speist.

„Dein schwarzer Anzug steht dir gut
und deine Flugkunst übertrifft
bei weitem alle, die hier kreisen."

„Wer spricht mit dieser warmen Stimme,
die sich an meinem Tun ergötzt?
Ich muss und will mich flugs bedanken,
weil Loben immer Freundschaft meint."

Ein Flügelpaar lenkt in die Tiefe,
geblendet taumelt Freud ins Netz
und nach dem Kuss des weißen Kreuzes
stirbt Glück schon nach dem ersten Tag.

PS: Der Rhythmus muss, der Reim kann sein. Auch wenn sich mir
der letzte aufdrängt, ließ ich mich ohne ihn mal ein und hoff,
dass keiner sich dran aufhängt.

Sternschnuppenzeit

Im Perseus spukt es im August
am elften, zwölften jeden Jahres.
Der Sternenhimmel – uns zur Lust –
gebärt dem Auge Sonderbares.

Ein Streifen Gold zur Erde lenkt
gleich wundersamen Wurfgeschossen.
Behüt den Wunsch, den er dir schenkt –
doch nur, bleibt dein Mund auch geschlossen.

Ich brauch dich nicht

Die Rosen protzen einfach weiter,
der Farn wiegt sich in stolzem Grün,
Tomaten reifen munter, heiter
und selbst der Mohn will noch mal blühn.
Die Primel sagt's ihm ins Gesicht:
„Herr Herbst – ich brauch dich wirklich nicht!"

Bestimmt verstimmt

Wenn Regen durch die Ritzen rinnt,
der Wind die alten Blätter jagt,
die Stimmung ihren Kokon spinnt,
das Licht an Fingernägeln nagt,
dann weiß die Zeit um das Geplemper
und unterschreibt: Es ist November.

Mann in Grau

Im dunklen, schweren Mantel schleicht er
mit feuchten Händen durch das Tal,
betäubt das Licht, die Lebensgeister,
tüncht alles Bunte grausam fahl.

Er ist der Weber zäher Fäden,
verklebt damit, was sich bewegt.
Den Trotzenden – selbst wenn sie 's täten –
wird Gegenwehr auf Eis gelegt.

Nach oben schaue ich benebelt
und flehe zum gefangnen Blau,
dass sich 's befreit und mich entknebelt
vom dumpfen Dunst des Kerls in Grau.

Schau!

Schau dir heut Frau Venus an –
wie verlockend hell sie strahlt!
Hat der Himmel irgendwann
dir ein solches Bild gemalt?

Schau, bevor sie untergeht,
tief in ihrer Augen Gold!
War dir, seit die Welt sich dreht,
eine schönre Frau je hold?

Schau wie sie sich fallen lässt,
eh in ihr die Wünsche ruhn!
Zögerst du noch bis zuletzt
damit was als Mann zu tun?

PS: Am 27.12.2016 19.30 Uhr

Verurteilt

Der Frost packt zu mit Mörderhand,
zerreißt die Lungen messerscharf,
vergiftet salzend alles Land
im Wissen, dass er dies nicht darf.

Er sperrt uns dreist in Blechlawinen,
verhöhnt, was sich sonst frei bewegt,
bricht Knochen, die stabil erschienen –
er hat das Leben lahmgelegt.

Doch jetzt beginnt er selbst zu zittern,
denn frierend steht er vor Gericht.
Das Urteil: Ein Jahr hinter Gitter(n) –
Bewährung kriegt er dabei nicht.

Fest- und Feiertage

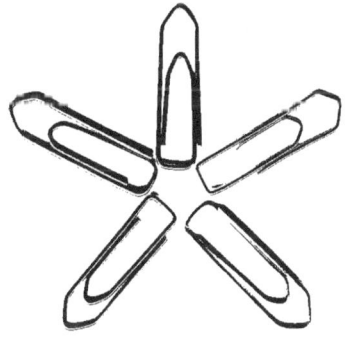

Maske(r)ade

An Karneval wird registriert,
dass sich der Mensch gern aus der Hülle
des Alltags schält und dann maskiert,
damit ihn purer Spaß erfülle.

Die Femme fatale reizt den Torero,
der Scheich knutscht seine Haremsdamen,
der Kater nestelt am Bolero
der Katzenfrau und mimt den Zahmen.

Ein jeder lässt die Sau heraus
und treibt sie grunzend durch 's Spektakel.
Nach kurzem Rausch im Narrenhaus
folgt Aschermittwoch das Debakel:

Die Haremsfrau putzt wieder s' Bad,
der Kater repariert sein Mofa,
der Vamp wäscht Bunt bei 30 Grad –
der Scheich gähnt auf dem Fernsehsofa.

Sie tragen wieder ein Kostüm –
die Uniform der Alltagsheere.
War'n die paar Tage Ungestüm
für sie nun Leere oder Lehre?

Und die Moral nach dem Gedicht:
Spielt über 's Jahr nur solche Rollen,
dass jeden Tag euch 's Glück erwischt
und nicht nur an den drei, vier tollen.

Osterlamm

Die Hausfrau wirbelt in der Küche,
die Kinder liefern Wäsche ab,
das ganze Haus durchziehn Gerüche
und Stimmen wirren – nicht zu knapp.

Das Osterlamm bockt in der Röhre,
dafür bin ich besonders zahm,
hör' mittagsschlafend Dingsbums-Chöre –
an Ostern bin ich faul und lahm.

Es scheint, dass diese Feiertage
der Frühling ärztlich mir verschreibt.
So stellt auch niemand eine Frage,
wenn Vater lang im Bette bleibt.

Geburtstag im Frühling

Ein jeder Frühling, der uns blüht,
macht dich noch schöner um ein Jahr.
Der Tag, den ich im Herzen hüt,
weil es in Liebe für dich glüht,
der singt heut: Du bist wunderbar!

Mein Kind

Mein Kind – vor heute 35 Jahren –
erklang – ich höre es noch ganz genau –
dein erster Schrei und wir als Eltern waren
verblüfft ob einer Schwester Nonnenfrau,
die lauthals zu mir rief: „Ein Junge! Schau!"

Mein Kind – nach nunmehr 35 Jahren –
da wissen wir es beide ganz genau,
dass damals jener Nonne Augen waren
höchst ungeeignet zur Geschlechterschau,
denn du strahlst vor mir heut als tolle Frau.

Alle Jahre wieder

Es strömen Massen in die Stadt
zum Weihnachtsmarkt, der heute startet.
Erst isst man sich an Bratwurst satt –
dann geht 's zum Glühwein, der schon wartet.

Man schreibt BESINNUNG riesengroß,
hängt daran eine Lichterkette,
kauft sich aus Langweil' noch ein Los
und Kinder plärren um die Wette.

Die Mutter setzt auf 's Karussell
ihr dickes Kind – samt Zuckerwatte –
und läuft zum Glühweinstand dann schnell:
Dort liegt besinnungslos ihr Gatte.

Sie drängt durch Gaffer sich nach vorn,
aus Boxen brüllen Weihnachtslieder,
in die sich mischt das Martinshorn
der Retter – „Alle Jahre wieder ..."

Mensch erwünscht

Ich wünsche einer Weihnachtsnacht
den Menschen, der den Nächsten liebt,
sich dessen Not zu eigen macht
und ihm des Lebens Würde gibt.

Ich wünsche einem Weihnachtsfest
den Menschen, der den Frieden lebt,
Despoten nie im Zweifel lässt,
dass er die Stimme laut erhebt.

Ich wünsche jedem Tag im Jahr
den Menschen, der vernunftgelenkt
der Sonne sagen kann: „Es war
ein guter Tag!", wenn sie sich senkt.

(H)Eilige Nacht

Die Meute drängt,
die Nasen laufen.
Die Zeit – sie engt –
noch schnell was kaufen.
Das Geld geht aus,
die Augen gieren.
Ich will hier raus! –
Zuviel der Viren.

Vom Wenden

Ich kann es wenden wie ich will,
es mag nicht mehr zur Arbeit gehen.
Das alte Jahr verschwindet still –
na ja – das war schon abzusehen.

Zuvor gibt es sein Abschiedsfest
für alle, die ihm Wegbegleiter,
verteilt die Reste von dem Rest
und gibt die Zeit ans Neue weiter.

So geht ein Jahr nun in Pension
und pflegt Erinnerung zu Hause.
Ich teile seine Intention:
Ich brauche, mache – eine Pause.

Politik

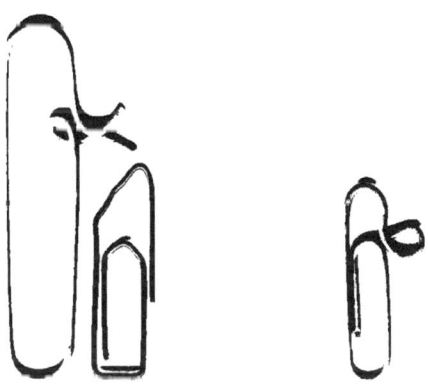

Ausgeliefert

Früher waren noch Politiker Gestalter
und Visionen lenkten sie in ihrem Führen.
Heut sind sie verdammt nur zum Verwalter
der Probleme, die der Wähler meint zu spüren.

Schwäbischer Rettungsschirm

„Ach leih mir deinen Schirm – es regnet!".

„Nun gut, du sollst ihn gerne haben."

„Noch nie ist solches mir begegnet,
weil es nicht üblich unter Schwaben.
Doch dein Modell ist arg lädiert!
Du nimmst mich wohl bloß auf die Schippe!?"

„Wieso? DU hast dafür plädiert –
und mehr als nichts ist ein Gerippe!".

Leistungsträger

Herr Schwätzerschnelle – Chefankläger –
hält eine Rede vor der Wahl:
„Ich bin des Staates Leistungsträger,
der einzige wohl hier im Saal!"

Ein Mann denkt an sein Lernerlebnis,
dass Arbeit dividiert durch Zeit
hat erst die Leistung als Ergebnis –
aus Unmut er zum Redner schreit:

„Ich hielt den Mund an Ihrer Stelle.
Bloß Reden kann nicht Arbeit sein.
Das können Sie zwar auf die Schnelle,
berechnet Leistung doch als klein."

„Sie sind bestimmt ein Arbeitsscheuer!",
fällt Schwätzerschnelle ihm ins Wort,
„und damit für den Staat zu teuer!"
Doch unbeirrt fährt der Mann fort:

„Herr Schwätzerschnelle – Wortabsäger –
Ihr „L" schreibt klein sich nach der Wahl.
Sie sind erheblich leistungsträger
als jeder andre hier im Saal!"

Der kleine und der große Spion

Im Staate, in dem die ganz Großen regieren,
ließ ich zum Spion mich von ihnen dressieren.
Hab 's Netz abgehört,
dann war ich verstört:
Ich sah die Gesellschaft die Freiheit verlieren.

Ich floh und verriet das gesetzlose Treiben,
kann nie mehr im Staat der Spione verbleiben.
Das Wort „Spionage"
gerät zur Blamage,
weil sie 's mir nun selbst in die Klageschrift
schreiben.

Brandstifter

Die Angst zu schüren stimmt den froh,
der meint, aus Dummheit Macht zu ziehen.
Brennt deren Stroh dann lichterloh,
sieht man ihn vor dem Feuer fliehen –
zum Löschen ist 's zu weit gediehen.

Schlecht erzogen

Julia, Thomas und der Horst
– allesamt verzogne Gören –
treffen sich im dunklen Forst,
um sich heimlich zu verschwören.

Gegen wen und auch warum
wird verhandelt unter Föhren.
Mamas Tun scheint ihnen dumm:
„Wer will schon ‚Wir schaffen 's!' hören?".

„Wachablösung!", fordert Horst,
Julia mag zur Wahl betören
und der kleinste Mann im Forst
hofft, mal wie ein Hirsch zu röhren.

Das Zeugnis

Wären sie doch immer so aktiv
wie sie jetzt um jede Stimme kämpfen!
Vieles ging' dann nicht so elend schief,
würde nicht des Volkes Stimmung dämpfen.

Statt in Kärrnerarbeit sich zu üben,
führen sie auf Bühnen ihre Fehden,
suchen, jeden klaren Blick zu trüben
mit den Wunderkerzen ihrer Reden.

Stellen wir ein Zeugnis ihnen aus -
nicht für das, was lauthals sie versprechen,
sondern spenden Tadel und Applaus
für vergangne Stärken oder Schwächen.

Ego ist Muss

Mein Ego ist ein Muss,
auf dass mich jeder kennt.
Daraus zog ich den Schluss
– der Welt voll zum Verdruss –
und wurde Präsident.

Mein Ego leuchtet hell.
Wer mich verhöhnt mit Spott,
den jage ich dann schnell
like dogs into the hell
– umsonst nicht bin ich Gott!

Mein Ego ist die Nuss,
die niemals einer knackt.
Ich geb mir selbst den Kuss,
den mir versagt der Russ'
beim Augenhöhen-Pakt.

Mein Ego bleibt mein Muss,
weil mich nun jeder kennt.
Daraus zieh ich den Schluss:
Ich bin von edlem Guss
und bleibe Präsident.

Gesellschaft

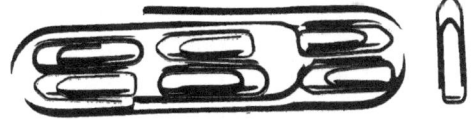

Das Haus am Ende der Straße

Gerüchte kochen in der Straße
ums Haus, das dort am Ende liegt.
Man rümpft schon ein'ge Zeit die Nase,
weil niemand was zu sehen kriegt.

Die Fenster sind am Tag verdunkelt,
kein Namensschild sagt wer hier haust.
Es wird schon vom Spion gemunkelt
und erste drohen mit der Faust.

Die Leute werden aufgewiegelt
durch selbsternannter Richter Zorn.
Ihr Urteil ist schon längst besiegelt –
sie blasen es ins gleiche Horn:

„Ein Hirnverbrannter – krank im Geist –
auch feige, weil er sich nicht zeigt,
agiert hier hinterhältig dreist.
Wird Zeit, dass man ihm 's Ende geigt!".

Schon ziehen abends laute Scharen
ans Straßenende vor das Haus
und schrei'n mit drohendem Gebaren:
„Zeig dein Gesicht – komm endlich raus!".

Der Mob drängt vor – die Tür zersplittert –
doch dann – man traut den Augen nicht:

Wenn auch der alte Mann schon zittert,
schreibt seine Hand ruhig dies Gedicht.

Die Sonne meint's so nett

Ich habe euch seit je mein Licht gegeben –
ein Füllhorn an solarer Energie.
Doch ihr kapiert es offensichtlich nie,
verspielt stattdessen eurer Kinder Leben.

Bleibt 's Sonnenbad das einzige Bestreben
seitdem ich euch der Strahlen Wärme lieh?
Wann endlich folgt ihr kluger Strategie,
anstatt am teuflischen Atom zu kleben?

Ich sag euch dummen, schwachen Menschenkindern:
Noch könnt' ich euren Untergang verhindern,
wenn ihr die Rechnung mit Vernunft bezahlt.

Mein Angebot wird sich nicht wiederholen:
Statt zu vertraun auf Öl, Atom und Kohlen
nehmt meine Strahlen – eh die Hölle strahlt!

Distanzlos

Der Mann liest 's Tagebuch der Frau.
Die Frau durchsucht des Mannes Taschen.
Das Kind glotzt Bohlens Nabelschau.
Sie trinken gern aus fremden Flaschen.

Der Mann macht junge Mädchen an.
Die Frau lässt sich ins Handy stöhnen.
Das Kind vertraut dem bösen Mann.
Sie lauschen gern den fremden Tönen.

Nichts scheint dem Menschen heut mehr fremd.
Er will von JEDEM ALLES wissen.
Er lässt – im Selbstbetrug enthemmt –
Respekt und die Distanz vermissen.

Man gibt den Medien daran Schuld,
doch Taten sind nicht weit gediehen.
So braucht es mehr denn je Geduld,
sich selbst im Umgang zu erziehen.

Pure Illusion

Solang die Welt sich dadurch teilt,
dass man mit Licht und Schatten handelt
und der mit Macht im Hellen weilt,
wird Hoffnung, dass sich je was wandelt,
zur puren Illusion verschandelt.

U3 zur Münchner Freiheit

„Nächster Halt Marienplatz!"
Menschen strömen raus und rein.
Doch bei keinem spür ich Hatz –
jeder scheint betäubt zu sein.

„Nächster Halt Odeonsplatz!".
Eine Gruppe steigt noch ein.
Doch ich hör nicht einen Satz –
jeder schaltet 's Smartphone ein.

Jetzt heißt 's „Universität!"
Freue mich auf junge Leut.
Doch die stöpseln stumm s' Gerät
in die Ohr'n – das war 's für heut.

Dann die Straße „Gisela!",
unter der die U-Bahn hält.
Nicht ein Lächeln wahrnehmbar –
jedes Face booked Cyberwelt.

„Münchner Freiheit!" nächster Halt.
Hier will ich – nein muss ich – raus.
Denke: Wie beziehungskalt
sieht in München Freiheit aus!

Zweipoliger Konjunktiv

Ich stell mir vor, der Erde Flur
nähm' man die farbenfrohe Fülle,
ließ' ihr die beiden Pole nur –
dazwischen eine leere Hülle.

Ich stell mir vor, wie unbequem
wär dann ein jedes Reisen.
Vom Nordpol hin zum Südextrem
würd' ohne Halt die Route heißen.

Ich stell mir vor, die Welt verlöre
die Mäßigung der milden Breiten.
Besängen dann die Menschenchöre
nur gute oder schlechte Zeiten?

Erfahrungen

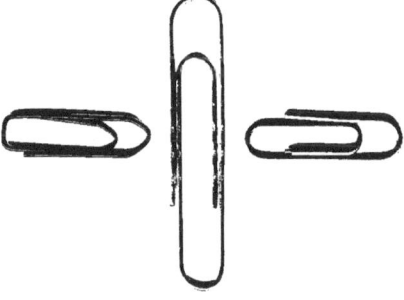

Viel(es)leicht

Ich liebe diese Leichtigkeit,
die Dinge nimmt – selbst wenn sie schwierig,
und trägt mit der Beständigkeit,
die Wollen heißt – doch nie begierig.

Ich liebe diese Leichtigkeit,
die Menschen annimmt als gelungen,
begegnend mit der Freundlichkeit,
die Achtung heißt – doch nie erzwungen.

Ich lebe diese Leichtigkeit.
Sie lehrt mich: Es gibt kein Vergeblich
und schenkt mir die Gelassenheit,
die Stärke heißt – nie überheblich.

Sympathie

Weit entfernt von Vorurteilen
schau ich mir den Menschen an.
Doch er sollte sich beeilen,
weil ich flott entscheide dann:

Ob er mir auf seine Weise
ganz spontan sympathisch ist.
Kennt er nicht das Wörtchen „leise",
bin ich eher Pessimist.

Selten, dass ich darin fehle.
Ist er 's nicht, dann wird er 's nicht.
Umgekehrt – ich nicht verhehle –
zeigt sich spät manch Bösewicht.

Morgens im Aschenbecher

Gekrümmte, in Stummeln gepresste,
vergilbte, sich drängelnde Reste
erzählen vom Schein des Genusses
– er stahl dir die Gunst eines Kusses.

Geleert in Verpflichtung des Tages,
verführt er mit einem „Komm – wag es!"
– geschönt durch entspannte Momente,
zum Schritt Richtung bitteres Ende.

Gekrümmte, in Stummeln gepresste,
verhöhnend sich räkelnde Reste,
begrüßen dich – statt eines Kusses –
am Morgen nach Schein des Genusses.

Die Mitte

Gestresstsein liegt mir ziemlich fern –
nun ja – ich bin schon arbeitswütig.
Ich spür die Ruhe um mich gern –
nun ja – ich bin auch übermütig.
Extremes ist mir höchst suspekt –
nun ja – ich schlafe wohl zu wenig.
Ich pass', wenn 's fremde Weib mich neckt –
nun ja – ich bin bei dir ja König.
In jedem Fall sind mir die Schritte
vertraut zu meiner innren Mitte.

Ich bin wohl zu dumm

Banken fordern von dir Zinsen,
wenn du Geld bei ihnen leihst,
zahlen doch mit frechem Grinsen
Sparern nur den Bruchteil – dreist!

Gut – die Banken wollen leben,
zahlen 's Haus und Personal.
Ab und zu ein Gläschen heben –
alles dies scheint noch legal.

Ich bin dumm – kann nicht verstehen:
Wie um alles in der Welt
können sie dann Pleite gehen?
Irgendwie verdirbt wohl 's Geld ...

Manipulation

Zunächst wird die Absicht als Helfen getarnt –
dann mausert sie sich zu beengendem Führen.
Wird daraus ein Lenken, dann sei jetzt gewarnt:
Man ist mittendrin dich zu manipulieren.

Abgestumpft

Er giert nur noch nach Sensationen
und sucht darin für sich den Kick.
Er denkt, sein Loch an Emotionen
würd' ausgefüllt durch fremdes Glück,
Versagen, Pech – vielleicht Triumph.
Mit dem „Erfolg" doch lebt er stumpf.

Intelligente Frauen

Ist eine Frau beschlagen, stark und klug,
ist sie suspekt für flachgestrickte Männer.
Hat sie dann gar noch eignes Geld genug,
verzweifeln selbsternannte Frauenkenner.

Sie woll'n in allerletzter Konsequenz
ein braves Dummchen, willig – wie idiotisch!
Die Mischung Charme – Esprit – Intelligenz
macht jede Frau doch so was von erotisch.

Zum Heulen oder Lachen

Die Frau heult vor dem Kleiderschrank,
Verzweiflung ist schon weit gediehen.
Sie klagt ihr Leid, als sei sie krank:
„Ich habe gar nichts anzuziehen!"

Ihr Mann schaut auf fünf Meter Kleider
und fragt: „Was fehlt dir denn mein Schatz?"
„Die Röcke passen, Hosen – leider –
die lassen mir zu wenig Platz."

Ihr Mann will sie nicht traurig lassen:
„Du solltest einmal shoppen gehen
und Hosen kaufen, die dir passen.
Du brauchst nicht nach dem Preis zu sehen!"

Die Frau nimmt ihren Mann beim Wort,
stürzt sich gleich in die Ladenwelt
und ist bis spät am Abend fort,
trägt Tüten heim – doch nicht das Geld.

Der Mann schaut rein und fragt im Schock:
„Was hast denn du da mitgebracht?"
Die Frau zeigt einen engen Rock
und meint: „Der hat mich angelacht!"

Und die Moral nach dem Gedicht:
Ob Hosen, Jacken, Röcke, Mieder
– gekauft, geschenkt, geklaut, geliehen –
den einen Satz hört man(n) stets wieder:
„Ich hab ja gar nichts anzuziehen!"

Im falschen Chor

Es treffen sich im Wald zum Singen
ein alter Esel und 'ne Gans.
Damit die Lieder besser klingen,
gesellt sich dazu Hammel Hans.

„I-Aa", „Mä-määhh" und „Schnatter-schnatter"
– ein jeder singt dem andren vor.
Der Hans zum Esel drauf: „Gevatter,
wir sollten nun brillier'n im Chor!"

So schallt im Walde unter Eichen
Gesang der drei – vor allem laut.
Kein Misston will ihr Ohr erreichen
– sie sind von ihrem Tun erbaut.

„Lasst uns vor allen Tieren singen!",
blökt Hammel Hans – im Geist entrückt.
„I-jaa, das wird uns Beifall bringen."
Des Esels Wort die Gans entzückt.

Gesagt, getan – auf Waldes Bühne
erklingt ihr Lied vor vollem Haus.
Ihr Auftritt doch gereicht zur Sühne,
denn aus bleibt jeglicher Applaus.

Und die Moral:
Bewegst du dich im engsten Kreise
der Meinung, die dir lieb und hold,
dann glänzt selbst Blech auf eine Weise,
von der du meinst, es wäre Gold.

Blindlings

Aus Höhenluft der Sonne Bahn
taucht er ins Meer der jungen Blüten.
Der alte Baum will sie behüten –
doch die sind blindlings angetan

von solcher Attraktivität.
In ihre Kelche drängt sein Rüssel –
sie öffnen sich als sei 's ein Schlüssel
und hör'n des Baumes Rat zu spät:

„Passt auf – er ist so flatterhaft
und euer Wohlgefühl nur flüchtig.
Er ist nach eurem Nektar süchtig
lässt euch allein, hat er 's geschafft.

Er fraß von meinen Blättern, hing
im Laubwerk – trieb es täglich schlimmer.
So merkt euch Blüten: Es steckt immer
die Raupe noch im Schmetterling."

In Höhenluft der Sonne Bahn
steigt er vom Meer der jungen Blüten.
Der alte Baum wollt' sie behüten –
doch die war 'n blindlings angetan.

Es zog ein Esel

Es zog ein Esel übers Land –
nach guten Freunden auf der Suche.
Doch weil er nirgends welche fand,
dacht' er, es läg' am Fellgewand
aus schlichtem grauen Eselstuche.

Es zog der Esel drum den Schluss,
dass Kleider wohl auch Freunde machen.
Er sagte sich: „Was muss das muss!"
und färbte grün – in einem Guss –
sein Fell und seine sieben Sachen.

Es zog der Esel durch das Tal,
zum Hofe eines reichen Bauern.
Der sprach: „Ich biete dir erst mal,
bei mir zu schaffen und bezahl
dich hinterher – kann etwas dauern."

Es zog der Esel fortan nun
des Bauern schwere Lastenkarren.
Er plagte sich, ohn' auszuruhn
und dachte nicht bei seinem Tun,
dass ihn der Bauer hielt zum Narren.

Der sprach nach über einem Jahr:
„Du bist für mich nur ein Betrüger,
weil ich noch nie 'nen Esel sah
bei dem das Fell ein grünes war.
Ich zahl dir nichts, denn ich bin klüger..."

Er zog des Esels Ohren lang,
ergriff des Tieres Hals, den band er
– geknotet mit 'nem dicken Strang –
an eine Bank am steilen Hang.
Mit „Deine Eselsbank!" verschwand er.

Hülle statt Fülle

Ein Platzhirsch – vollends aufgeblasen –
stolziert der Art „Seht wer ich bin!"
durch 's Grün, auf dem die Ricken grasen,
und röhrt: „Ich komm und ihr seid hin!"

Da tanzt 'ne kleine freche Mücke
grazil um ihn – sie ist auf Pirsch.
Geschmeichelt ahnt er nicht die Tücke:
Die Kleine sticht – es platzt der Hirsch.

Die Mücke überfliegt die Hülle
und summt: „Heut bin ich Moralist!
Es zeigt sich erst die echte Fülle,
wenn heiße Luft entwichen ist."

Berufliches

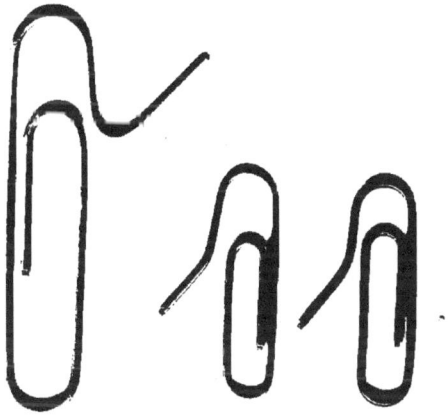

Schon wieder

Schon wieder gewachsen – so steht sie vor mir –
mit freudiger Spannung in jungen Gesichtern.
Man kennt zwar den Alten, war lang doch nicht hier –
so reicht mancher Blick von verwegen bis schüchtern.

Schon wieder geschrumpft – ja – so steh ich vor ihr,
noch plagen nicht Hefte und Noten in Serien.
Ich atme die Jugend der Klasse vor mir –
solang mir dies bleibt, komm ich gern aus den Ferien.

Marathon

Zweiundvierzig harte Stunden
– irgendwie bin ich verrückt –
dreht' ich unentwegt die Runden,
doch nun ist es mir geglückt.

Heftestapel ist erledigt,
rotes Tintenfass ist leer.
„Halte durch!", hab ich gepredigt –
war das letzte Stück doch schwer.

Müde – aber hochzufrieden –
habe ich das Ziel erreicht:
Schülern ist Erfolg beschieden,
dem der meine gerne weicht.

Der Reihe nach

Eh sie sich wieder drängen – diese Pflichten –
in meiner Muße stilles Schlafgemach
und lästig nölen: „Unser Feld liegt brach",
will ich die eine Botschaft an sie richten:
„Schön langsam bitte und – der Reihe nach!"

Aus + Zeit = Auszeit

Ich mache, schaffe, schufte, werke
bis hin zum atemlosen Klotzen –
mich zieht 's jetzt über alle Berge.
Bevor mich packt das große ... Übel,
spuck ich den Reim in einen Kübel,
hol mir am Leuchtturm Kraft und Stärke
und lern von ihm, dem Sturm zu trotzen.

In Zeiten

In Zeiten, da ich müde denke
an eine Jugend voller Schwung,
beklagen sich selbst die Gelenke:
„Ach wären wir noch einmal jung!"

In Zeiten, da mich Sorgen plagen,
weil jeder alles von mir will,
träum ich von jenen Kindertagen,
die frei von Pflichten, Zwang und Drill.

In Zeiten, da mich Zweifel treiben,
ruft eine Stimme mich zurück:
„Erfüllt wirst du durch Arbeit bleiben
mit jungen Menschen – welch ein Glück!"

Conferre

Sie finden statt mit Turbulenzen
und wollen selten pünktlich enden.
Man sagt dazu auch Konferenzen –
ich nenn sie eher Zeitverschwenden.

Der Chef kriegt zu oft einen Rappel,
der Dreiste ruht im Mittagsschlafe,
der Schleimer suhlt sich im Gesabbel,
das Protokoll verfasst der Brave.

Jedoch befiehlt das Wort „conferre"
sich mit Verstand stets auszutauschen.
Es meint dabei nicht ein Geplärre
und nicht ein endlos, seichtes Plauschen.

Mein letzter Dienst-Tag

31.1.2017
Es gibt sie nicht – die Träne,
die ihr im Knopfloch wähnt.
Ich hab sie noch – die Zähne,
den Biss, die Löwenmähne
und 's Maul, das noch nicht gähnt.

PS: Für mich ein historisches aber beileibe kein hysterisches Datum

Beziehungen

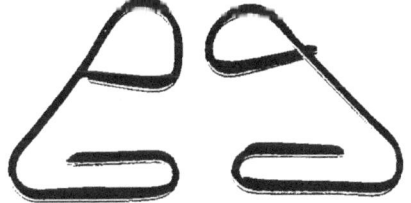

Nüchtern

Sie wartet auf ihn im Café
– bisher hat er ihr nur geschrieben.
Sie liest in ihrem heißen Tee:
„Wo ist dein Blick für 's Glück geblieben?"

Es ist ja nicht das erste Mal,
dass sie auf diese Weise sucht
in Kneipe, Bistro, Kinosaal
den Mann, den sie für 's Leben bucht.
Doch schon ein kurzer Augencheck,
Begrüßung, ein paar Sätze – vage
erfüllten nüchtern ihren Zweck:
Auch dieser Mann kommt nicht in Frage.

Sie traf ihn eben im Café
– doch wieder wollte sich 's nicht lohnen.
Sie las in ihrem kalten Tee:
„Dir fehlen deine Emotionen!"

Beziehung(s)reich

Aufgefangen und geerdet –
was du gibst kommt auch zurück.
Ohne Zwang – doch ungefährdet –
lebt in dir des andren Glück.

Transparenz ist nicht vonnöten,
weil sie das Vertrauen engt.
Wissen kann den Zauber töten,
wenn es in die Seele drängt.

Reichtum im Gemeinsam spüren –
stets bemüht – doch zweifelnd nie.
Jeden Tag zum besten küren:
Darin liegt die Garantie.

Gedankenverloren

Du schaust mich
gedankenverloren an.

Und ich?

Ich bin heute
dein Gedankenfinder.

Hol 's dir!

Sie meint, es sei naturbestimmt:
Der Mann ist immer der, der drängt.
Die Frau ist bloß darauf getrimmt,
dass sie bescheiden ihn empfängt.

Ich meine dazu eines nur:
Schreit dein Verlangen, dass du 's stillst,
dann liegt 's im Sinne der Natur,
dir das zu holen, was du willst.

Honigsüß

Er dachte, dass sie den erkennt,
der Honig um den Mund ihr schmiert.
Doch da sie den nun Süßer nennt,
hat er sein Denken korrigiert.

Zeranalysiert

Beäugt, durchschaut, zerpflückt, bewertet,
zerlegt in deine Eigenschaften
ist deine Ganzheit schnell gefährdet:
Ein Minus bleibt doch immer haften.

Man deklariert's als Analyse,
seziert die Blätter im Geäst
und sucht das Salzkorn in der Süße –
entsetzt, wenn sich's dann schmecken lässt.

Man prüft die Federn statt das Kissen,
betrachtet Steine – nicht den Berg –
verleugnet dadurch bares Wissen:
Der Mensch ist ein Gesamtkunstwerk.

Lebensfreude

Maronenernte

Du sagtest mir: „Noch ist die Zeit
nicht reif, dass ich mich dir entblöße."
Vom „noch" ermuntert blieb bereit
ich, abzuwarten – nahm 's nicht böse.

Heut endlich lachst du keck mich an
und offenbarst mir deine Frucht,
die ich aus Hüllen schälen kann
zum Stillen ungehemmter Sucht.

Dein brauner Kern im feuchtem Glanz
des Taus spielt mit der Morgensonne.
Du lässt dich fall'n und gibst dich ganz
in meine Hände – mir zur Wonne.

Aber taktvoll

Das Schöne an den Sommertagen
ist – neben Licht und Blumenduft,
dass Frauen keine Mäntel tragen,
stattdessen vielmehr leichte Kluft.

Da freut sich manches Männerauge
und übt den ganz speziellen Blick,
dass dieser ihm zum Röntgen tauge
von dem, was schon von außen schick.

Ich will hier gerne eingestehen –
auch ich find das geahnte Nackt toll.
Doch gaffend soll mich keine sehen,
denn wenn ich röntge, tu ich 's taktvoll.

Flötentöne

Der Lack ist zwar schon ab – und doch
pfeif ich nicht auf dem letzten Loch.
Ein Sonnenstrahl nur ist vonnöten –
schon hört ihr mich vor Freude flöten.

Das Orakel

Ich will mich grade nach ihm bücken
und zieh mein Messer schon hervor,
um seiner Blüte Rat zu pflücken –
da dringt ein Flüstern an mein Ohr:

„Ach lass mich stehn und Sonne tanken,
auch wenn du mein Orakel suchst!
Zupfst Blätter du nur in Gedanken,
dann liest du, was du nicht verfluchst:

Es geht dir gut, es geht dir besser,
es geht dir bestens, prima, es ...“
Zu Boden fällt mein scharfes Messer –
das Gänseblümchen lacht indes.

Einmal Kapitän

Obwohl ihn meist die Dusche kräftigt,
nimmt er ein Vollbad dann und wann.
War er den ganzen Tag beschäftigt,
besteigt die Wanne gern der Mann.

Das Badewasserblau – sein Meer,
die Knie darin die Sonneninsel,
umspült von Wellen hin und her –
ein Bild – wie von des Malers Pinsel.

Die Shampoo-Flasche ist sein Schiff,
in Meeresmitte ragt der Leuchtturm,
warnt Schwimmendes vor Bauches Riff
im schaumgekrönten Wellenansturm.

Die Zehen springen als Delphine
empor in Fünfer-Formation.
Mit Kapitäns gewicht'ger Miene
brummt er sein Lied im Bariton.

Dreihundert Hertz im Ton des Mann's
erfahr'n bei einer Wannenlänge
genau die volle Resonanz –
verstärken so der Stimme Klänge.

Was keiner Frau beschieden ist,
er singt 's bei jedem Vollbad neu:
„Ich bin – damit ihr 's alle wisst –
der Wanne Kapitän – Ahoi!"

Menschen

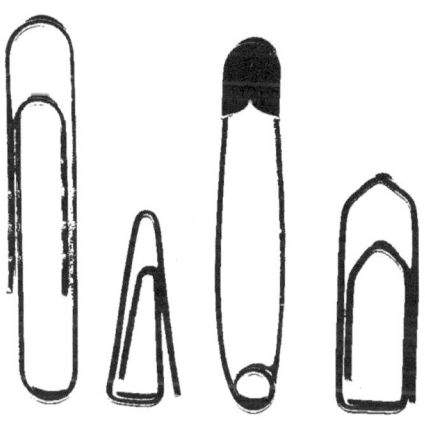

Der Zauderer

„Lassen Sie vielleicht mich sagen,
wenn wir das Problem besehen,
könnten wir 's womöglich wagen,
den Versuch mal anzugehen.
Ob dafür, ob doch dagegen,
ob noch nicht – aufgrund von Fragen:
Eh sich Widersprüche regen,
werden wir 's Problem vertagen."

Herr Geltung

Gestelzte Art des Ganges,
gewinkelt die Arme,
nach stimmloser Beute
sind Augen auf Suche,
damit er verbuche
Beachtung der Meute,
dass sie sich erbarme
des zwanghaften Dranges.

Nur einmal noch ans Meer

Die alte Dame schlurft zum Strand –
ein jeder Schritt fällt ihr so schwer.
Sie schiebt den Rolli durch den Sand,
denn sie will einmal noch ans Meer.

Die Tochter geht der Frau zur Hand,
zieht das Gefährt vor dieser her
und schaut, als wär's ihr eine Schand,
dass Mutter will noch mal ans Meer.

Der Alten gilt ihr Tun als Pfand
für ihren Wunsch nach Wiederkehr.
Sie schleppt verbissen sich zum Rand
des Wasser – ja – es ist ihr Meer!

Ich knüpfe mein Gedankenband
an Fragen nach dem Hinterher:
Schafft sie's noch einmal bis zum Strand?
War sie das letzte Mal am Meer?

Das Korsett

Ach wäre er wie früher noch,
als er aus Kinderaugen schaute.
Fiel mal vom Baum – im Knie ein Loch –
als er beim Nachbarn Äpfel klaute.

Stets unbekümmert, froh gelaunt,
so spielte er den Lehrern Streiche.
Doch heute ist man bass erstaunt,
denn er ist wahrlich nicht der Gleiche.

Das Haar gescheitelt, glatt rasiert,
fährt er zur Arbeit um halb acht,
wo er als Uhrwerk funktioniert
und niemand sieht, dass er mal lacht.

Am Schreibtisch wird korrekt geschafft –
die Pausenzeit wird eingehalten –
exakt um zehn Tomatensaft.
Dann lässt er weiter Pflichten walten.

Zur Mittagszeit gibt 's nur ein Brot.
Drauf wälzt er Akten – Blatt um Blatt.
Zum Dienstschluss ist die Sonn' schon rot –
er fährt nach Haus und fühlt sich matt.

Zurückgekommen aus der Stadt,
prüft er gleich jede Blumenvase.
Nachdem er Post gelesen hat,
kehrt er die Einfahrt hin zur Straße.

Dem stummen Essen um halb acht
folgt Zeitungslesen, dann Verdauung.
Danach wird 's Fernsehn angemacht
– der Börsenkurs – nichts zur Erbauung.

Punkt zehn macht er für 's Bett sich fertig,
putzt vorschriftsmäßig seine Zähne.
Die Ehefrau – noch gegenwärtig –
küsst er der Art, als ob er gähne.

Fast jede Nacht der gleiche Traum –
er sagt zu sich: „Sei doch der Alte!"
und steigt auf Nachbars Apfelbaum
im Schlafanzug mit Bügelfalte.

Straßenmädchen

Sah ein Kerl ein Mädchen stehn,
Mädchen an der Straße,
war blutjung und abendschön,
wollt' von nah es sich besehn,
tat's und stippte Mädchens Nase.
Mädchen, Mädchen spürt die Not,
Mädchen an der Straße.

Sprach der Kerl:„Ich steche dich,
Mädchen an der Straße!"
Mädchen sprach:„Ich räche mich,
dass mein Blut wird richten dich
in dir wohlverdientem Maße!"
Mädchen, Mädchen in der Not,
Mädchen an der Straße.

Dennoch grob der Kerl sich nahm
s' Mädchen an der Straße.
Mädchens Lippen drauf entkam:
„HIV!" und ohne Scham
kniff es lachend ihm die Nase.
Mädchen, Mädchen war der Tod,
Mädchen an der Straße.

PS: Sehr frei nach Goethes „Heidenröslein". Es gibt viele Interpreta-
tionen dazu – und nun gibt es noch eine mehr.

Der einsame Dirigent

Prolog

Das Dirigieren heißt studieren,
wie ein Orchester funktioniert.
Ein Führen, um zu dominieren,
doch nie zum Spiel in Ganzheit führt.

„Hört Flöten, Oboen! Ihr spielt wie die Pfeifen.
Ihr Geigen – auch ihr habt es echt nicht gebracht.
Orchestermusik im Kern zu begreifen,
bedarf blinder Achtung des Taktstockes Macht.

Trompeten, Posaunen und auch ihr Fagotte
habt deutlich zu keck und zu frech aufgespielt
und unter dem Deckmantel ‚Freiheitsmarotte'
auf mich – euren Chef und Maestro – gezielt."

Es räumen bedrückt Instrumente – in Scharen –
den Graben, der ihnen war so lang vertraut.
Zurück bleibt ein Mann, der nach seinem Gebaren
in einsamer Wut auf die Pauke noch haut.

Am Fenster

Der alte Baum vor ihrem Haus
vermag heut nicht die Haut zu kühlen.
Sein lichtes Blattwerk reicht nicht aus
für Schatten, um sich wohl zu fühlen.

So prallt der Sonne weiße Glut
entfesselt in ihr liebstes Zimmer.
Selbst leichter Wind tut ihr nicht gut,
denn heiß geweht macht er 's noch schlimmer.

Sie atmet schwer – ein kaltes Bad
schenkt ihr Momente, durchaus labend.
Der Baum trotzt draußen dreißig Grad
und schweigt, weiß er doch um den Abend.

Als sie dann nachts – wie Gott sie schuf –
am offnen Fenster Kühle fächelt,
scheint ihr, als wenn mit leisem Ruf
der Baum, der alte, zu ihr lächelt.

Der Rastlose

Schon lange konnte er nicht schlafen –
Gedanken, Pläne packten ihn.
Auch wenn sich Zeit und Muße trafen,
er musste weiter – Strippen ziehn.

Geschafftes konnt' ihn nie erfreuen.
Sein Blick gleich auf dem Nächsten lag.
Die Zeitnot bei der Hast zum Neuen
verschandelte die Nacht zum Tag.

Von seinen treuen Freunden blieben
ihm nur Kaffee und Nikotin.
Sie halfen, Pausen zu verschieben
und logen ihn in den Ruin.

So kam 's, als er Termine hetzte,
dass Schnitter Tod ins Auto kroch.
Als dieser seine Sense wetzte,
da half ihm kein: „Ich muss doch noch!"

Die Oberstudienrätin

Allein schon ihre Augen mahnten
bedrohlich hinterm Brillenglas.
Die Angeblickten drauf erahnten:
Das war ihr Ernst, das war kein Spaß!

„Ihr müsst, ihr sollt die Regeln achten.
Für Eigensinn gibt 's keinen Platz!"
All die, die es dann anders machten,
bedachte sie mit diesem Satz:

„Als Strafarbeit für nächste Woche
schreibt zum ‚Gehorsam' ein Gedicht.
Wählt Realismus als Epoche,
verfehlt mir nur das Thema nicht!"

Ich fand sie zynisch, machtbesessen,
willkürlich, kleinlich, dominant.
Hab' nie den Typ von Mensch vergessen
und in so vielen schon erkannt.

Zwei Spuren hat sie hinterlassen.
Die erste ist die Freud am Reim.
Die zweite: Statt dich anzupassen,
geh Dominanz nie auf den Leim.

Bisweilen komme ich ins Wanken.
Hat beides sie vielleicht gewollt?
Dann bliebe mir nur, ihr zu danken –
Respekt sei ihr postum gezollt.

Der sinnliche Poet

Wann immer er die Feder nächtens führt,
sind es der Leidenschaft ergebne Bilder,
die mild ihn erst erfassen, um dann wilder
das auszumalen, was die Haut berührt.

Es ist ein schmaler Grat, auf dem er wandelt,
denn Derbes hier und ein Belanglos dort
bedrohen seinen Flüstergang zum Ort,
den jedes falsch gesetzte Wort verschandelt.

Das Knistern, wenn der Vers sich an dir reibt,
entledigt den Poeten seiner Sorgen
um seinen Irrweg – deinen nächsten Morgen.

Wenn er 's Poem nachts auf dein Laken schreibt,
pflückst du daraus die Blüte, die dich treibt.
Wohin? – Das bleibt dem Schreiber selbst verborgen.

Anlehnungsbedürftig

„Sie – Rubensfrau sucht 50+.
Es melde sich bei mir der Mann,
der stark ist und kein Luftikus
und an den ich mich lehnen kann."

So las ich kürzlich in der Zeitung.
Mein Hirn formt heut' ein *Bild* in mir
und schickt es über seine Leitung
hier unvermittelt auf 's Papier:

„Vielleicht zuviel des Rubens," denkt
beim Date sich gleich der erste Mann
und ist erschrocken, als sie lenkt
die Schritte auf ihn mit Elan.
„Ich glaub' du bist mein Weg ins Glück!
Gibst du mir Halt, den ich entbehre?"

Gefragter tritt 'nen Schritt zurück –
ihr Rubenskörper fällt ins Leere.

Vergeigt

Stets spielte er die erste Geige,
genoss Applaus im Rampenlicht.
Doch nun geht seine Kunst zur Neige –
nur 's Publikum ist viel zu feige,
zu sagen: Du erfreust uns nicht.

So kratzt er auf verstimmten Saiten,
obwohl sein Instrument sich wehrt.
Die Finger stolpern statt zu gleiten,
verfehlen Töne bessrer Zeiten. –
Er merkt nicht wie der Saal sich leert.

Nur seine Frau ist noch geblieben.
Sie schaut ins trübe Licht und schweigt,
als seine Lippen Worte schieben
und Tränen aus den Augen stieben:
„Den Abgang habe ich vergeigt!"

Mörderisches

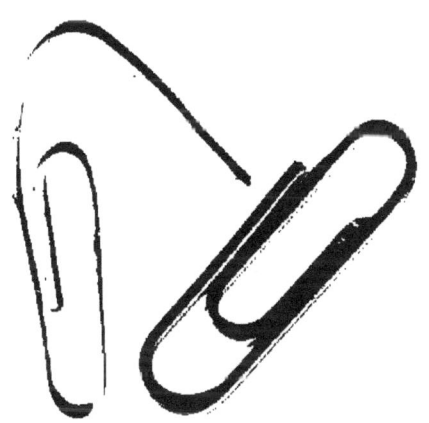

Der Totengräber

Er war mir schon in Kindertagen
der Inbegriff von Leid und Tod.
Nie hörte man ihn etwas sagen,
wenn er grub bis zum Abendrot.

Sein Kopf – gesenkt zur schwarzen Erde –
hob eines Tags, als er mich sah,
sich kurz nur. Meine Angst sich mehrte,
wie ich sein Lächeln wurd' gewahr.

Es war die alte Grabesstätte
der Urgroßeltern – wusst' der Stein.
Mir schien 's, dass Freud er daran hätte,
weil nun mein Opa sollt' hier rein.

Er grinste noch, wie er sich bückte
und seinen Spaten kraftvoll stach
ins Erdreich, als es mir dann glückte:
Der Grabstein fiel – mir war danach.

Weißer Tod

Sie hasste ihn schon viele Jahre,
den Absprung schaffte sie doch nicht.
Als Ehering galt nur das Bare –
sie sah sein Geld, nie sein Gesicht.

So kam 's, als ihn die Lunge plagte,
Entzündung ihn zum Liegen zwang,
der Doktor sehr besorgt ihr sagte:
„Frau hilf! Sonst lebt er nicht mehr lang.

Und achtet, dass die Wärme immer
den Raum erfüllt, in dem er liegt,
sonst geht 's dem Armen derart schlimmer,
dass ihn der Tod sehr bald besiegt."

Der Rat erschien ihr wie gerufen,
denn tagelang hatt' es geschneit.
Sie stieg zur Kammer nachts die Stufen
und öffnete das Fenster weit.

Als morgens dann nur Todesstille
sie an der Kammertür vernahm,
rief sie den Arzt – es war ihr Wille,
dass er zuerst zur Leiche kam.

Der schaute rein und konnt 's ermessen,
welch' Plan sie hatte ausgeheckt,
denn eines hatte sie vergessen:
Da lag ihr Mann – mit Schnee bedeckt.

Glatt gebügelt

Eigentlich ist ihm zuwider
seine Frau seit langem schon,
denn im Chor der Alltagslieder
klingt nur noch ein öder Ton.

Alle Tage nur Gemecker:
„Mache dies und lasse das!"
Ach – sie geht ihm auf den Wecker –
er vermisst den Lebensspaß.

„Schau – mein altes Bügeleisen
funktioniert noch immer nicht!"
„Was soll das nun wieder heißen?
Reparier'n ist Fachmanns Pflicht!"

Dieser Satz hat voll getroffen.
„Pah! Ich geh zu Nachbar Hans.
Der ist hilfsbereit und offen."
„Schleich dich doch – du dumme Gans!"

Um den Zorn in sich zu kühlen,
packt er Jacke, Handschuh', Hut,
geht nach draußen und kann fühlen:
Winterluft tut ihm jetzt gut.

Bügelbrett und Bügeleisen
stehen schon bereit, als dann
mit behäb'gen Schritten – leisen –
kehrt nach Haus der Ehemann.

Seine Frau räumt noch im Keller.
Auf das Eisen fällt sein Blick.
Jetzt agiert er – und zwar schneller –
tauscht zwei Drähte mit Geschick.

Immer noch in Winterkleidung
schleicht er leise aus dem Haus,
freut sich auf die schnelle Scheidung –
dank der Hilfe von Hans Kraus.

Dass ein Alibi nicht fehle,
grüßt er – wie beim ersten Gang –
jede ihm bekannte Seele,
achtet auf normalen Klang.

Irgendwann und irgendwie
kehrt er wieder heim – beflügelt.
Ja – der Stromschlag fällte sie:
„Hab' ich sie doch glatt gebügelt!"

PS: Früher konnte man ein Bügeleisen noch mit einem gewöhn-
lichen Schraubenzieher aufschrauben.
Lederhandschuhe hinterlassen keine Fasern und verwischen
bei entsprechendem Gebrauch nicht schon vorhandene Fin-
gerabdrücke.
Das Vertauschen von Schutz- und Phasenleiter führt zu ei-
nem wirklich elektrisierenden – aber höchstwahrscheinlich
auch letzten – Erlebnis.

Als der King ging

Er nannte King sich, gab sich cool,
ließ leichte Mädchen Geld anschaffen,
lag derweil selbst nur faul am Pool
und pflegt' Havannas dort zu paffen.

Er wählte jeden Monat neu
ein Mädchen sich, dass es ihm diene.
Gehorchte dies ihm scheu und treu,
dann zeigte er die Gönnermiene.

Doch schnell wurd' er ein jedes leid,
weil er nur frische Ware wollte
bis eines Tags – zur Sommerzeit –
ihm Rache widerfahren sollte:

Als er grad seinem Pool entstieg,
traf ihn in seines Herzens Mitte
ein kalter Schmerz – das Mädchen schwieg
und stieß ins Wasser ihn. Die Bitte

„So hilf mir doch!" im Nass versank.
Dort schmolz ein wenig später
der Eisdolch aus dem Tiefkühlschrank.

Wo keine Waffe – auch kein Täter.

Dichters (D)Rache(n)

Ein Dichter im schönen Berlin
wird stets von der Frau angeschrie'n.
Drum pfeift er auf Treue
und reimt sich 'ne Neue.
Die Alte pocht auf Disziplin.

Sie spuckt pure Galle und Gift,
verhöhnt ihren Gatten – samt Stift.
Der reimt sich die Rache
und tätigt die Sache:
Er lässt sie vertrocknen im Lift.

Gefühle

Lebendig

Es flüstert die Liebe,
es sprechen die Herzen,
es jubelt die Freude,
es klagen die Schmerzen.

Ob laut oder leise
Gefühle gezeigt,
das Leben malt Kreise
– solang es nicht schweigt.

Die Brücke

Du kannst dich ihrer nicht entziehen –
sie schiebt sich Stück für Stück voran.
Du möchtest vor Sekunden fliehen,
doch 's Tempo legt auf dich den Bann.

Geländer rücken eng zusammen,
das Gradeaus spielt 's Nadelöhr,
entzündet in den Schläfen Flammen
und legt den Herzschlag ins Gehör.

Sie sticht mit heißen Nervennadeln
und droht mit Schwanken böse dir,
als wollt' sie deine Angst noch tadeln
– sie zeigt für Schwäche kein Gespür.

Dein Kampf vollzieht sich meterweise,
stoppt dir den Atem – noch ein Stück.
Dann endlich applaudiert dir leise
der Spiegel mit dem Blick zurück.

Hass ist kein Gefühl

Der Ärger baut die Spannung auf,
die sich im Blitz der Wut entlädt,
mit Donnerschlag der Zorn verraucht –
doch Hass verweilt und frisst und frisst ...

PS: Hass ist eine Eigenschaft!

Rettungsschirm

Ich steh mit beiden Beinen auf dem Boden
– recht fest – normal haut mich so leicht nichts um.
Auch wenn die Pflichten meine Freiheit roden,
ist mir ein höchster Einsatz nicht zu dumm.

Doch wenn der Schlaf vermisst die Kraft der Stunden
und drauf der Morgen lügt: „Du bist noch firm!",
dann löst zur rechten Zeit noch – unumwunden –
die Hand der Liebe meinen Rettungsschirm.

Schüchtern

Ich senke meine Augenlider
und scharre ängstlich mit den Füßen.
Da ist es – das Gefühl – schon wieder!
Wofür muss ich denn hier jetzt büßen?

Nun werde ich – bei Gott – noch rot
und Schweiß droht mir mit kalten Tropfen.
Ach wär ich auf der Stelle tot!
Es rast mein Herz mit wildem Klopfen.

Warum bin ich denn hergekommen?
Die Kehle engt, mein Atem hechelt.
Ich traue mich, schau hoch – beklommen –
in dein Gesicht, das gütig lächelt.

Weiche Kissen

Wenn ich des Nachts nicht schlafen kann,
weil mich des Tages Pflichten quälen,
dann meldet sich in mir der Mann
mit Unlust auf ein Schäfchenzählen.

Dass dennoch ich dann schlafen kann,
liegt an der Weichheit zweier Kissen,
an die sich schmiegt ein müder Mann,
der deren Nähe nie muss missen.

Reihe Mimik

Ein Versuch, die Gesichtsausdrücke verschiedener Gefühlslagen mit Worten zu malen.

Stolz

Der Blick ist gradeaus gerichtet,
ein leichtes Lächeln ziert den Mund.
Die Wangen sind dem Zug verpflichtet,
der aufwärts weist zum Augenrund.
Die Lippen sich der Stille fügen
mit ungezwung'ner Leichtigkeit.
Der Atem strömt in tiefen Zügen
mit nüsterngleicher Eitelkeit.

Enttäuschung

Die Augenlider halb geschlossen,
die Lippen formen stumm ein „O".
Die Brauen kräuseln sich verdrossen,
der Blick sucht sich ein Irgendwo.
Die Wangenhäute überspannen
die Längenhälften des Gesichts.
Gedankenreste flieh'n von dannen,
verlieren sich im dumpfen Nichts.

Gelassenheit

Der klare Blick ruht unverdrossen,
das Lächeln ist in sich gekehrt.
Die Lippen sind entspannt geschlossen –
kein Wort aus ihnen, das belehrt.
Das Auf und Ab der Augenlider
spielt flirtend mit der Langsamkeit
und flüstert zu ihr – immer wieder:
„Ich habe Zeit ... ich habe Zeit."

Schmerz

Gepresste Zähne – Druck der Kiefer –
der Augen Blick zum Spalt verengt,
verzerrte Züge furchen tiefer,
ein stummer Schrei ins Mark gelenkt.
Die Haut verfällt zur fahlen Blässe,
im Nasendreieck sammelt sie
den Schweiß in Tropfen kalter Nässe –
Symbol gefühlter Agonie.

Freude

Die Linien aller Züge zeigen
im Bogenrund zum Himmel hin,
Gemeinsamkeit ist ihnen eigen
auf ihrem Weg zum frohen Sinn.
Das Weiß der Zähne sendet Strahlen,
die Grübchen tanzen auf der Haut,
der Augen Blicke spiegelnd malen
ein Bild, aus dem die Freude schaut.

Trauer

Die Augen müde, rotgerändert
durch viele Tränen – wenig Schlaf.
Der Blick hat sich ins Leer verändert,
weil Freude ihn nicht füllen darf.
Selbst Lippen – wie im Strich gezogen –
beweinen ihr verlor'nes Rot
und alle Züge – starr gebogen –
verweisen abwärts Richtung Tod.

Kommunikation

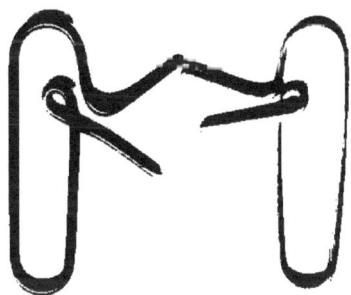

Vielsagendes Nichts

Sehr verehrtes Publikum –
es ist allerhöchste Zeit!
Niemand halte uns für dumm
und ich bin nicht mehr bereit,
dieses länger anzuschauen.
Jeder fragt sich: Was ist bloß,
wenn wir uns nicht alle trauen,
mit dem Für und Wider los?
Früh hab ich schon prophezeit,
dass es wird die Frage sein
und mit aller Deutlichkeit
sag ich Ihnen heute: Nein!
Aber ob – doch letztlich schon –
stell ich fest in klarem Ton,
dass der Has' im Pfeffer liegt.
Oft genug kann ich es nicht
wiederholen – ja es war
stets mir eine Ehrenpflicht –
sag ich jedem klipp und klar!
Ich bin felsenfest entschlossen:
Solches kommt nun nicht mehr vor.

Ihnen dank ich unverdrossen
für das mir geliehne Ohr!

Streitkultur

Der Streit ermahnt: „Gemach, gemach!",
nachdem man ihn vom Zaune brach.
„Im blinden Fuchteln mit der Latte
liegt niemals die geringste Spur
von wortgeführter Sachdebatte
als Inbegriff der Streitkultur."

Sprechpause

Einen Frosch im Hals zu haben
ist immer noch besser,
als eine Kröte schlucken zu müssen.

Killerphrase

Tut jemand ernsthaft seine Meinung kund
zu einer für ihn selbst doch wicht'gen Sache
und hört aus seines Gegenüber Mund
dazu nur höhnisch ein „Dass ich nicht lache!",
dann hat sich der, der sich hier amüsiert
– was die Gesprächskultur betrifft – blamiert.

Quergedacht

Wer aus Prinzip auf Kontra steht
ist kein' Deut besser als der Mund,
der 's fremde Wort im Schleime dreht
und wiederkäut in falschem Schlund.

Dem einen prallt es vor die Stirn –
das Wort, das sich zu hören lohnt.
Dem andren fehlt der Platz im Hirn,
in dem ein eigner Standpunkt wohnt.

Steht ein Problem in solchen Kreisen
zur Lösung an, wird Zeit vergeudet.
Dann lob ich mir den einen Weisen,
der querdenkt und das Ende läutet.

Hehre Worte

Es lässt auf hehren Worten sich gut ruhn:
Man mahnt, klagt an, beschwört Moral und Ethik.
Doch bleibt 's bei leeren Worten ohne Tun,
hat Anspruch sich als bloßer Spruch erledigt.

Aroma

Entfaltet Kommunikation Aromen,
dann ist sie mehr als eine Kette bloß
verknüpfter Verben, Attribute, Nomen.
Ja – mit dem Mehr macht sie 's Gespräch erst groß.

Sie duftet süß, schmeckt scharf – bisweilen bitter.
Man riecht, wes Geistes Kind der Sprecher ist
und ahnt im Sonnenschein schon ein Gewitter,
wenn Frohmut grade seine Fahne hisst.

Sie liebt die Vielfalt jeder Unterhaltung
und weigert sich bei einem einz'gen Fakt bloß:
Kommt der Gestank der Falschheit zur Entfaltung,
entlarvt sie deren Worte als geschmacklos.

Der Maßstab spricht bevor er bricht

„Du hast zum Werkzeug mich erkoren,
mit dem du 's Tun der andren misst.
Doch traue ich nicht meinen Ohren,
dass du mich bei dir selbst vergisst.
Wenn Wort und Tat sich widersprechen,
dann wird mir schlecht – und ich muss brechen."

Ja – aber

Dein Gegenüber meint mal wieder:
„Ja – aber ...", als dein Vorschlag fällt.
Wie üblich redet er ihn nieder,
was dein Gesicht nicht grad erhellt.

„Ja – aber, aber – es wär besser!",
sein Zungenschlag kommt voll in Trab.
Du greifst nach einem scharfen Messer.
Wozu? – Das hängt vom Weitren ab.

„Ja – aber, aber, aber sieh doch!",
der Satz umklammert deinen Hals.
Du ringst nach Luft nur irgendwie noch
– genug ist dir 's jetzt jedenfalls.

„Ja – aber, aber, aber, aber ...",
der Zunge Laut erstickt im Keim.
Wer 's ahnt, dem scheint 's vielleicht makaber,
was du trägst als Trophäe heim.

Allusion in Variation

Fein geschliffnes Wort – dem Durchblick zugeschickt

Grob gesetzter Spott – im Hinterhalt gestrickt

Feigheit hinterm Vorhang – lauert auf Applaus

Leise Melodie – dem Tusch ein Stück voraus

Aus gesagt

Wenn jemand redet, schwatzt und spricht
– am liebsten noch vor vollem Haus –
bedeutet dies noch lange nicht:
Er sagt auch wirklich etwas aus.

Bevor man sich zu spät beklagt,
sei ihm ganz deutlich „Aus!" gesagt.

Sprechstunde

Wenn

Worte stolpern
Stimmen wanken

Herzen holpern
Zweifel ranken

Hände hängen
Blicke klagen

Zwänge engen
Nächte nagen

Ohren dämpfen
Seelen schweigen

Tränen kämpfen
Ängste steigen

dann ist es höchste Zeit
für ein Gespräch zu zweit.

Stimmungen und Gedanken

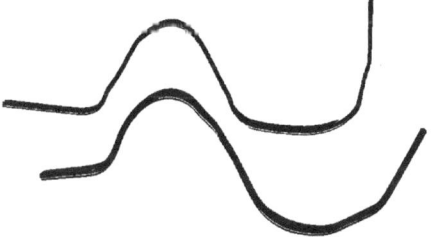

Abendzüge

Es malt ein Kondensstrich am Himmel die Bahn
auf Leinwand in Rosa – vom Abend geschenkt,
der – hinter sich lassend den täglichen Wahn –
den suchenden Blick auf das Wichtige lenkt.

Es haucht eine Wolke geatmeten Staubes
den Kern der Gedanken in Reste von Licht.
Vermischt mit Gefühlen des sterbenden Laubes
verweilen die Sinne – der Ruhe zur Pflicht.

Es glimmen Minuten von ewiger Dauer
und weisen den Geist ins ermüdete Haus.
Der hellgraue Dunst, der sich wähnt als ein blauer,
besiegelt das Tagwerk und schaltet es aus.

PS: Der Titel hätte auch "Zigarette in der untergehenden Herbst-
sonne auf der Terrasse" heißen können, aber wie klingt das
denn?

Leicht schwierig

Leichtigkeit in schweren Zeiten
ist bisweilen durchaus schwierig.
Sorgen, die sich mit mir streiten,
sind auf Lösung mehr als gierig.

Gut – sie haben ihre Rechte
auf den Einsatz meiner Hände,
meinen Zuspruch gegen 's Schlechte,
doch nicht auf ein Ohne-Ende.

Ehe sie mich niederdrücken
sag ich offen, frei und munter:
„Ihr entlastet meinen Rücken,
rutscht ihr mir den Buckel runter!"

Wo der Mond wohnt

Hinter weißer Wände Milchglasfenster
zeigt sich vage eine Silhouette –
schaut, verweilt, ist wieder weg. Gespenster,
deren Herr im Wolkensessel thront,
lachen heiser nächtens um die Wette.

Ich doch bleib von jeder Angst verschont –
weiß ich schließlich, wer da oben wohnt.

Des Übels Täter

Ist dir 's auch schon mal passiert,
dass dein Dinge-locker-Sehen
manchen furchtbar irritiert –
so – als sei dies ein Vergehen?

Hast du auch schon mal gespürt,
dass dein frohgesinntes Sprechen
manchen negativ berührt –
so – als sei dies ein Verbrechen?

Fand man 's bei dir mal betrüblich,
deine Arbeit sei gepaart
mit 'ner Freude, die nicht üblich –
so – als sei dies Hochverrat?

Sagst du dir jetzt „Ja" – dreimal,
merkst du früher oder später:
Missmut, Zwang und Jammertal
sind des Übels wahre Täter.

Schauspiel

Auf der Bühne wird geprotzt –
gut ist 's doch dabei zu wissen:
Der, der dort vor Kraft so strotzt,
beichtet hinter den Kulissen:
„Eigentlich geht 's mir beschissen!"

Mit der Zeit

Das Leben tickt sich durch die Zeit.
Als Metronom uns stets verpflichtet
ist 's Herz zur Kontraktion bereit –
Natur hat es so eingerichtet.

Das Leben wellt sich durch die Zeit.
Im Ab wird schon das Auf gesichtet.
Die Enge dehnt sich wieder weit –
das Schicksal hat 's so eingerichtet.

Das Leben lehnt sich an die Zeit.
Gefühl, das sich im Traum verdichtet,
lebt Wirklichkeit in dem Zuzweit –
die Liebe hat 's so eingerichtet.

Das Leben überdauert Zeit,
schafft Neues, wird das Alt vernichtet.
Geburt birgt ein Zum-Tod-bereit –
ein Gott hat 's wohl so eingerichtet.

Vakuumentladung

Von außen stetig Luft entzogen,
verbleibt mir nur noch ein Atom.
Von innen reibend aufgeladen,
verkrampft es sich zum letzten Ion.
Membran – mit Druck zum Leer gebogen –
schreit nach Befreiung durch den Strom:
Entspannung geht den Weg, den graden,
mit Funkenschlag und Implosion.

Zitronen

Nicht alles ist nur eitle Wonne,
nicht alle Dinge woll'n gelingen.
Man produziert auch für die Tonne –
ein Lied kann jeder davon singen.

Verbissen laufen viele 'rum
– gepresste Lippen, düstre Mienen.
Sie ärgern sich – mal laut, mal stumm.
Mit Frohsinn können sie nicht dienen.

Doch ich lass Groll nicht in mich fahren,
weil niemals wird sich solches lohnen.
Die gute Laune zu bewahren,
lässt sauer sein nur die Zitronen.

Der Alte geht

Begibt sich nachts der alte Tag zur Ruhe,
bleibt einzigartig er in meinem Sinn.
Ich leg sein Logbuch in die Seelentruhe
und jed' Erfahrung ist mir ein Gewinn.

Ich sah bei allem Düstren auch das Helle
und hörte im Geschrei den sanften Ton.
Ich ruhte – trotz mir abverlangter Schnelle –
und lief vor Menschenjägern nicht davon.

Für immer lass ich nun den Alten ruhen,
den in Erinnerung ich hüten mag,
und halte morgens Ausschau nach den Schuhen,
die aufpoliert sind für den neuen Tag.

Erfüllt

In Freude auf und über Dinge
schätz ich das kleinste Stückchen Zeit,
das mir – trotz seiner scharfen Klinge –
der Tag dann doch noch hält bereit.

Als Freund der leisen guten Laune
lausch ich der Worte wahrem Kern
– gesprochen klar – doch vom Geraune
der Täuschung halte ich mich fern.

Im Kreis der Stille der Gedanken
entbind ich sie von jeder Pflicht,
den Traum von aufgelegten Schranken –
doch eine Sehnsucht kenn ich nicht.

Blutsekundenzeit

Unermüdlich speist die Quelle
Blutgefäße mit Sekunden,
lenkt den Fluss durch jede Zelle
und ernährt die Lebensstunden.

Manchmal engen sich die Adern,
simulieren Stress und Hetzen
und bedrängen mich zu hadern –
doch ich weiß ein Nein zu setzen.

Lausche meines Herzens Tönen,
pflück Sekunden – jede kleine,
kann mit ihnen mich versöhnen,
wissend wohl: Zurück fließt keine.

Glauben

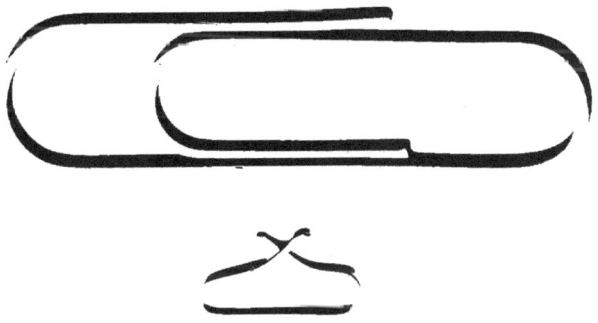

Himmelsblick

Ich habe heut dein Grab besucht.
Es ist für mich die stille Stelle,
an der mein Herz Gedanken bucht
im Himmelsblick zu dir ins Helle.

So war 's vor Jahren an dem Ort,
als Tränen deinen Sarg versenkten.
Ich schaute hoch – ich sah dich dort,
weil Kräfte meine Blicke lenkten.

Es waren Kräfte einer Macht,
an der ich bisher Zweifel hegte.
Ob Gott – ob Götter – je gedacht,
dass sich in mir ein Glauben regte?

Ich sehe immer noch das Blau,
als dir die schwarze Erde drohte.
Seit jenem Tag weiß ich genau:
Es gibt ein Leben nach dem Tode.

Meinetwegen

Ich trage keinen weißen Bart
und hocke nicht auf einem Thron.
Es ist wohl nur des Menschen Art:
Er glaubt ans Bild von mir – samt Sohn.

Ich lebe in euch allen drin
und sehe was ist gut – was schlecht.
Ich gebe eurem Leben Sinn
und achte auf Natur und Recht.

Ich trage keinen langen Bart
und meide jenen frömmelnd' Trott,
wie er ist mancher Pfaffen Art –
doch meinetwegen nennt mich Gott!

Verlängerung

Der himmlische Schiedsrichter zeigt mir die Uhr –
ich habe doch wirklich die Halbzeit verschlafen.
Ich rannte und spielte die ganze Zeit nur
und nun droht sein Pfiff, meinen Einsatz zu strafen.

Ich ahne das Ende des irdischen Spiels
und weiß um die noch nicht gegangenen Schritte.
So sammle ich Kraft zur Vollendung des Ziels,
wozu ich – bekehrt – um Verlängerung bitte.

Aber glauben

Ich weiß um viele menschgemachte Dinge –
die wollen mir den Glauben daran rauben,
dass Einsicht dieser Welt den Frieden bringe.
Und dennoch will ich 's weiter aber glauben!

Liebe

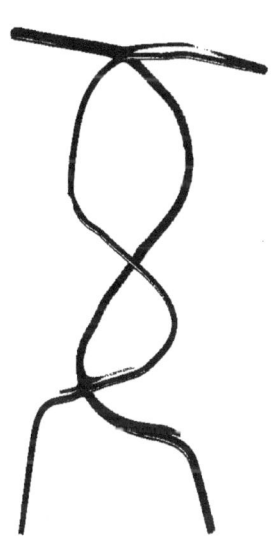

(K)eine Liebeserklärung

„Warum, woher, wohin und wie?",
brauchst du die Liebe nicht zu fragen.
Sie liefert die Erklärung nie –
will einfach nur, dass wir sie wagen
und ohne Zweifel in uns tragen.

Der Liebe Hand

Auf dass sie sicher uns zum Gipfel leite,
führt sie auf Wegen, die das Leben würzen,
uns an der Hand in himmelsnahe Höhen.
Doch schon der allerkleinste Sprung zur Seite
lässt uns in abgrundtiefe Welten stürzen.

Die alles begehren

Er hegt für manche Sympathien.
Sie schätzt nicht nur den einen Freund.
Er kennt beim Flirt die Strategien
und sie die Lust, die nächtens streunt.

Man kann im Leben vieles teilen,
doch Liebe fokussiert ihr Licht
und will auf einem Stern nur weilen,
denn teilbar ist die Liebe nicht.

PS: Inspiriert durch den gleichnamigen Film mit Elizabeth Taylor
und Richard Burton

Dunst

Im dichten Grau der Nebelschwaden
dein Gegenüber noch zu sehn,
im Dunst genau den einen Faden
zu finden, um ihm nachzugehn
und selbst in Ferne klar zu hören
vertrauter Stimme leisen Ton –
trotz Lockgesang von fremden Chören.
Das alles ist der Liebe Lohn.

Doch steht 's auf einem andren Blatt,
wie wir erfahren ihre Gunst.
Wer Liebe drängt und zwingt, der hat
von ihr nicht einen blassen Dunst.

Spiel(ge)treue Art

Für manche birgt sie Langeweile,
für andere dagegen Zwang.
Ich seh in ihr die Puzzleteile
des Partnerspiels ein Leben lang.

Damit die Einzelteile passen,
beschau ich sie mir jeden Tag.
Ich kann sie drehen, wenden, fassen –
zusammenfügen – wenn ich mag.

Manch Teil ist schwierig anzulegen,
passt nicht ins Muster leicht und glatt.
Ich überleg, such nach den Wegen,
bis es den Platz gefunden hat.

Mit Leichtigkeit sind viele Teile
harmonisch passend eingefügt.
Ich habe Glück geraume Weile –
ein kurzer Blick hat mir genügt.

Nach Schema F gibt 's kein Ergebnis,
das Spiel kennt keine starre Norm,
denn jedes Teil ist ein Erlebnis
und pocht auf Achtung seiner Form.

Das Puzzlebild wird nie recht fertig.
Ich finde Teile – immer neue –
Dynamik ist allgegenwärtig.
Ich nenne es: Gelebte Treue!

Stillschweigend

Bisweilen mach' ich mir zu eigen,
dass Stille meine Räume flutet.
Du schenkst mir ein vertrautes Schweigen,
das meine Ruhe warm durchblutet
– doch irrt, wer Stummsein hier vermutet.

Aus deinen Blicken fließen Worte,
die nicht in Hülsen sich vermummen,
denn dein Verstehen, das ich horte,
will mir ein Lied der Liebe summen
– auch Schweigen lässt es nie verstummen.

Risiko

Ich habe mir den Mund verbrannt –
ich hätte es doch wissen müssen!
War mir doch 's Risiko bekannt,
als mich das Abenteuer übermannt'
und ich mich traute, dich zu küssen.

Und doch

Der Himmel gibt sich grausam grau verhangen,
saugt meine Seele in sein Wolkenmeer,
hält sie gedankenschwer im Dunst gefangen
und treibt mit Peitschenwind sie vor sich her.

Kein Strahl vermag sich einen Weg zu bahnen
durch zähe Dunkelmassen – Licht in Not!
Die Wolkenwächter hissen schwarze Fahnen
und feiern schon der Sonne nahen Tod.

Ihr Lied lässt meine Fasern schier vereisen
und dröhnt in meinen Ohren voller Schmerz.
Allein die Hoffnung will es mir verheißen:
Im Irgendwo erwartet mich ein Herz.

Noch insistiert der trübe Plan – und doch
strahlt dein Gesicht aus einem Wolkenloch.

Vor und nach zwölf

„Schon fünf vor zwölf!" Du zeigst die Uhr.
„Ich will, dass du nicht weiter schuftest!"
Ich denke mir, wenn 's das nur ist
und dass du auch nach zwölf noch duftest.

Höchst speziell

Und stünden hundert feine Damen
vor mir in der Begrüßungsschlange,
so sagte ich schon meinen Namen –
doch keiner hielt ich hin die Wange.

Und säßen hundert schöne Frauen
vor mir in roten Seidenblusen,
so würd' ich schon genau hinschauen –
doch nie berühren ihre Busen.

Und wälzten hundert wilde Weiber
sich nackt vor mir auf Lotterleinen,
studierte ich schon ihre Leiber –
doch böt' ich ihnen nicht den meinen.

Ich suche nicht im Allgemeinen
was fein, was schön und wild dazu.
Die Dame, Frau, das Weib in einem
bist – höchst speziell – persönlich du.

Es ist die Nähe

Es ist die Nähe der Gedanken,
die sich, gleich wo ich grade bin,
um meine Seele wärmend ranken –
mir flüstern: Hier gehörst du hin.

Es ist die Nähe bunter Bilder,
die mich bei jedem Alltagsgrau
im Pflichtenkerker stimmen milder –
mir zeigen: Hier ist deine Frau.

Es ist die Nähe feinster Töne,
die leise mich im Lärm der Zeit
versinken lassen in das Schöne –
mir singen: Hier ist dein Zuzweit.

Es ist die Nähe deiner Hände,
die Spuren lesen auf der Haut
im Schutze der verschwiegnen Wände –
mir schreiben: Ich bin dir vertraut.

Erotik

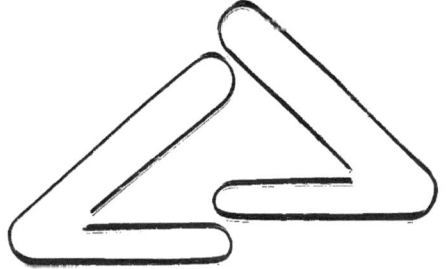

EinBlick

Kennst du diesen einen Blick,
dem ein Wollen innewohnt?
Wenn er greift, gibt 's kein Zurück –
nichts, was den Moment noch schont:
Augen dunkeln lustbetont.

Ein Kuss nur

Ein Kuss nur – von Lippen auf Lippen gehaucht –
lässt tausend Gefühle das Innre berühren.
Die Sinne erwachen – in Röte getaucht –
und wollen Momente zur Ewigkeit küren.

Ein Kuss nur – auf Haut, von samtenem Mund –
erzeugt eine Spannung längs suchender Spuren.
Sein Feuer entzündet den Flächenbrand und
verbrennt alle Zeiger verpflichtender Uhren.

Ein Kuss nur – im Zentrum der ureignen Lust –
entfesselt im Kern ein gewaltiges Beben.
Die Wellen erstürmen dein Ganzes. Du musst
dem Sog, ob du willst oder nicht, dich ergeben.

Frau will Meer

Sie schreitet mit ihm in das tiefblaue Meer,
die Hand in der seinen mit Wärme verbunden,
vergessend die Zeit, die Leute umher.
Sie streckt die Minuten zu fühlenden Stunden.

Das Wasser umspielt ihren Leib mit der Lust,
die sie sich jetzt wünscht auch von ihm zu empfangen.
Ihr Herz pocht verwegen, erregt ihre Brust
und Blut rötet hoffend die Haut ihrer Wangen.

Da rollt meterhoch eine Welle heran
und wirft sie in seine erstarkenden Arme.
Sie drängt sich an ihn, sucht den willigen Mann
und küsst, dass sein Mund sich dem ihren erbarme.

Er mag nicht entkommen – sein Zögern gibt auf.
Sie spannt zum Zerreißen der Leidenschaft Bogen
und lässt seinen Pfeilen der Lust freien Lauf:
Ihr Leib wird getroffen in brechenden Wogen.

Umfassend

Du schmiegst dich rücklings
an meine Körperwand,
während meine Arme sich
über deinen Gewölben kreuzen.
Unsere Blicke tauchen
in das Gold des Mondes,
der unsere Leiber kraftvoll umfasst,
als sie sich ineinander schweißen.

PS: Ungereimtes muss keine Ungereimheit sein.

Jetzt und hier

Die Alltagsflucht schien uns geglückt,
als wir im Wald den Weg verließen,
um – weit von jedem Lärm entrückt –
die dunkle Stille zu genießen.

Kein Licht drang durch der Tannen Grün,
kein Windstoß ihre Zweige rührte.
Es war allein dein Augenglüh'n,
das mich zu jener Lichtung führte.

Dort tat sich just der Himmel auf
und schenkte uns den warmen Regen
– an Silberfäden Perl'n zuhauf:
Für unser beider Haut ein Segen.

Dein Blick verriet den Wunsch in dir,
den meine Hände schon beschritten:
Wir wollten 's beide – jetzt und hier,
als wir berauscht zu Boden glitten.

Höhenflug

Du ruhst noch schlafend auf dem Laken,
das nächtens nah du mit mir teilst.
Dein sinnlich' Lächeln lässt mich wagen,
mit Streicheln deine Haut zu fragen,
in welchem Traummoment du weilst.

Dein Lippenschön kann es nicht sagen,
dein Seufzen will mir Antwort sein.
Du räkelst dich voll Wohlbehagen
und wo noch eben Zweifel lagen
entblößt sich mir dein nacktes Sein.

Du lässt dich in die Lüfte tragen
von meiner Hände Tun und Kraft
zu Gipfeln, die in Höhen ragen
wohin sich nur Vertraute wagen
im Rausch von Lust und Leidenschaft.

Du ruhst schon wach auf deinem Laken,
das dich durch deine Traumzeit trug,
als mir dein Mund auf meine Fragen
mit einem innig' Kuss will sagen:
Ich träumte uns im Höhenflug.

Samt und Seide

Meine Augen
verschlossen
unter dem Rot
eines Seidentuches
gefesselt
vom Hauch
deines Atems
ahnend
die Poren
millimeternaher Lust
wartend
erwartend
sehnend
flehend
bis der Samt
deiner Haut
mich
nährt und sättigt.

Der Kompass

In deinem Norden leuchten jene Sterne,
die mir die Wege weisen in der Nacht,
auf denen Nähe tauscht sich gegen Ferne
und jeder Schritt den nächsten zwingend macht.

In deinem Osten steigt ein sanfter Hügel
aus zartem Beige zu sattem Gipfelbraun
und löst in deinem Westen jene Zügel,
auf die sein Ebenbild und er vertraun.

In deinem Süden wollen Wünsche münden,
die mir dein aufgewühltes Meer verspricht.
Mein Kompass folgt dem Sog der süßen Sünden
und – ich versink im Strudel deiner Gischt.

Die Katze

Sie lässt mich ihren Rücken streicheln
und schmiegt sich eng an meinen Arm.
Minuten, die der Nähe schmeicheln,
erfüllen mich im Tiefsten warm.

Sie schnurrt mich mit Gefühlen trunken
und schenkt auf Seide meiner Hand
Entladung ihrer Wohlfühlfunken –
ein Strom durch unsichtbares Band.

Dem Räkeln unter Fingerspitzen
– gebührend einer sanften Miss –
folgt unter augengrünen Blitzen
gefauchte Lust und dann – ihr Biss.

PS: Ich habe gar kein Haustier.

Brauner Kandis

Ein Knospenpaar wärmt sich im Licht
der Sonne an vertrauter Stelle
und zeigt sich aus Genießersicht
fast schüchtern als der Süße Quelle.

Ein Zaudern ist jetzt fehl am Platz –
schon schließt der Wunsch sich um Kristalle
des Zuckers, dass ihm dieser Schatz
ob purer Sinnesfreud' gefalle.

Wozu Empfindung fähig ist,
braucht der Verstand nicht zu begreifen:
Sie lässt die Süße – eng umküsst –
zum braunen Kandiswürfel reifen.

Humor

Fehlerhaft

Gott – wie bin ich fehlerhaft!
Geht mir etwas mal daneben,
schieb ich vor – recht vorteilhaft –
's Missgeschick und sage: Eben!

Doch bei dir bin ich ganz streng.
Fehler? Ach du meine Güte!
Die – das seh ich furchtbar eng –
kommen mir nicht in die Tüte!

Dich schimpf ich 'ne Katastrophe,
Stümper, Schwächling – ohne Saft –
und sperr dich mit dieser Strophe
für ein Jahr in Fehlerhaft.

Ach – du bittest um Bewährung?
Gut, dann sei ein braves Kind.
Schwöre, dass – mir zur Verehrung –
meine Fehler keine sind!

Konsequent

Ein fleißiger Dichter aus Stammheim
– doch mäßig – verzweifelt er am Reim.
Das wird ihm zu doof –
drum setzt er auf Schwof
und kommt lieber häufiger stramm heim.

Na Omi!

Ein Mustergatte war er nicht,
drum traute ihm nicht seine Frau.
Die nahm die Freundin in die Pflicht
und bat sie: „Schau auf ihn genau!

Ich gehe kurz mal in die Stadt,
doch hab ich dabei keine Ruh.
Mir schwant, dass er 'ne Freundin hat
und Zeit sucht für ein Rendezvous."

Sie nahm die Beine in die Hand,
doch wirklich lange blieb sie nicht.
Die Freundin an der Haustür stand,
erstattete sofort Bericht:

„Er sprach mit deiner Mutter nur
am Telefon – ganz zweifelsfrei –
Es tönte deutlich aus dem Flur:
„ Naomi, ich komm gleich vorbei!"

(V)Er schnupft

Er kriecht nur noch auf allen Vieren,
hat sich schon restlos aufgegeben,
meint glatt, sein Leben zu verlieren
im Kampf mit diesem Heer an Viren
und kann kaum 's Taschentuch noch heben.

Kompliziert

Gauner *Sitztnun* – hinter Gittern –
tobt, dass seine Hände zittern.

Partner *Simpel* nennt 's Versehen:
er nahm 's wörtlich – Schmiere stehen.

Rührte sich nicht von der Stelle,
Polizei griff zu – in Schnelle.

Fazit:
Wenn sich der Komplize ziert,
wird 's mitunter kompliziert.

Fußkrank

Ein Hindu fragte an Silvester
– voll Fußschmerz – eine nette Schwester
nach Doktor Khan im Krankenhaus.
„Die Treppe hoch, dann gradeaus –
am rechten Ende dort des Ganges!"
Recht seltsam für den Hindu klang es.
Man sah ihn sich die Haare raufen.
„So weit wollt' ich nun doch nicht laufen!"

Augenhöhe

„Ich schau dir in die Augen, Große!",
haucht Sarkozy, der wirklich Kleine.
Doch sein Versuch geht in die Hose –
durchaus verständlich, wie ich meine.
Was er auf Höhe seiner Augen
erblickt direkt vor dem Gesicht,
kann schon für ihn als Blickfang taugen –
doch Carlas Augen sind es nicht!

Balance

Er trägt 'nen Bauch zum Überwintern –
schön kugelrund und vorratsfett.
Doch die Balance hielt' er nicht,
wenn er nicht passend einen Hintern
von ähnlichem Kaliber hätt':
Der sorgt für 's rechte Gleichgewicht.

Neues von Till

Es merkt sein Gegen*über, wenn Till irrt,*
daran, dass er dann *hyperventiliert.*

Wenn Till so recht in Wut gerät,
ist's selbst für's Not*ventil* zu spät.

Wer Till gen Mittag trifft mal an,
der staunt was der *vertilgen kann.*
Doch gilt es grade nicht als schick,
isst man bis mittags sich schon dick.

Wartet der Schnaps noch auf *Destillation,*
weiß doch der Brenner in*des: Till hat schon*!

PS: Zu lesen im Daktylus

Die Tilly fragt sich, wie e*s Till hält,*
wenn sie beim Sex nicht einfach *stillhält.*

„Ich lach' halbtot mich über *ihn*!", *fand Till,*
der Witz in seinem Text als besten wähnte,
und freute sich beim Vortrag *infantil*
– worauf das Publikum nur müde gähnte.

Wann immer sie hat die *fertil*en Tage,
*fährt Till*y voll auf Till ab – keine Frage!

Alter

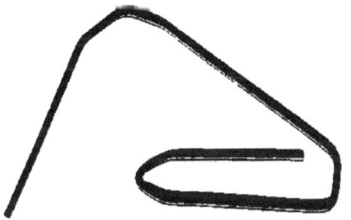

Aber

Alt zu sein ist durchaus schön –
weiß man doch so viel vom Leben,
kann gelassen rückwärts sehn,
muss nicht mehr sein Bestes geben.

Alt zu sein ist angenehm –
weiß man doch was ist erlässlich,
macht 's entsprechend sich bequem –
aber 's Altern selbst ist grässlich.

Immer wieder frisch

Sind brüchig auch die müden Glieder
und ausgedünnt der alte Schopf,
so liegt die Frische nicht danieder,
solang es grünt in deinem Kopf.

Illusion

Ich bin ein alter, dummer Mann,
der vieles nur zur Hälfte kann –
verliebt doch in die Illusion:
Zwei Hälften gäben 's Ganze schon.

Dürfen können

Ich muss nichts mehr und darf doch alles,
was noch gegeben mir als Mann
und fange – für den Fall des Falles,
dass ich es morgen nicht mehr kann –
gleich heute mit dem Dürfen an.

Im Alter

Der Huber Hansi und die Franzi
sind lange schon ein Liebespaar.
Ob er die Frau ist – ob der Mann sie
wird man nicht mehr so leicht gewahr.

Es gleichen sich im hohen Alter
die Eheleute optisch an
wie man es auch an Ruth und Walter
nach Jahren deutlich sehen kann.

Doch unter ihren Kleiderstoffen
da ist noch mächtig etwas los.
Was Junge lauthals sich erhoffen
das treiben Alte – leiser bloß.

Federvieh

Die Küken sind nun aufgezogen
und mittlerweile Hahn und Hennen.
Dass ihnen Eltern war'n gewogen,
kann man am jungen Glück erkennen.

Das Jungvieh hat jetzt eigne Ställe
versorgt sich selbst mit Körnerfutter,
doch holt es sich im Fall der Fälle
noch gerne Rat bei Vater – Mutter.

Dereinst, wenn grau sind deren Federn,
die Flügel hängen, Füße lahmen,
ob sich das Jungvieh ohne Zedern
der Alten dann wird wohl erbarmen?

Die Bitte

Sie fühlt das Leben nur als Bürde,
denn jede Kraft erstickt im Keim
und seufzt mit ihrem Rest an Würde:
„Wenn 's sein muss, gehe ich ins Heim."

Auf das, was unter weißer Strähne
dort glänzt, mach' ich mir meinen Reim.
Die Wahrheit ruht in einer Träne:
Ach bitte – steckt mich nicht ins Heim!

Der alte Leuchtturm

Es bröckelt der Putz von einst schneeweißen Wänden.
Im Sturm knarrt bedrohlich sein altes Gerüst.
Doch müht er sich weiter, sein Streiflicht zu senden –
nie stellend die Frage, wie lang er 's noch müsst'.

Sein Leuchtfeuerspiegel ist rostig und trübe
vom ewiglich währenden, salzigen Wind.
Wenn er nur ein einziges mal stehen bliebe,
verirrten sich die, die allein draußen sind.

So folgt er im Rhythmus sich brechender Wogen
geduldig und ernsthaft der täglichen Pflicht –
verfolgend der Sonne verlässlichen Bogen,
bis dereinst sein Feuer für immer verlischt.

Tod

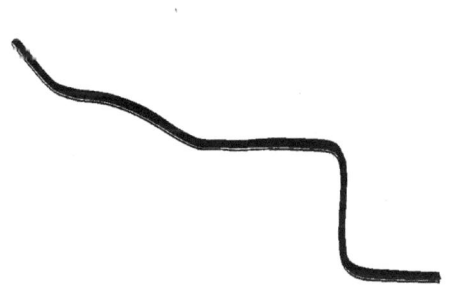

Sein alter Hund

Er sucht zur vorgerückten Abendstunde
den ihm seit eh und je vertrauten Wald
für der Gedanken letzte, stille Runde,
bevor der Tag sich beugt der Nachtgewalt.

Sein Hund – gebrechlich schon – ist ihm Begleiter
und treuer Freund zugleich auf diesem Weg.
Sie trotten längs der Bäume Dunkel weiter
zur Lichtung an des Waldsees morschen Steg.

Ein Streichholz zündet ihm die Zigarette,
mit der er seine Jahre inhaliert.
Dem alten Hund gereicht zum warmen Bette
des Mannes Jacke, den es selbst doch friert.

Der Tag lebt auf im ersten Morgenrot:
Ein Hund wacht über eines Mannes Tod.

Noch gestern

Noch gestern saß er vor mir da –
so frohgemut, den Schalk im Nacken.
Dass dies das letzte mal so war,
will heute mein Verstand nicht packen.
Ein Anruf – morgens kurz vor acht –
hat diesem Tag den Sinn genommen.
Des Vaters Satz schlägt ein mit Macht:
„Mein Sohn wird niemals wieder kommen ..."

Mit Würde

Der Elefantenbulle – schon betagt –
spürt seit geraumer Zeit die Kräfte schwinden.
Doch hat er niemals sich deshalb beklagt.
Er will den Schmerz alleine überwinden.

Sein letzter Satz an Zähnen malt nicht mehr,
ein junger Bulle drängt ihn aus der Paarung.
So zieht er zum Gebiet, das seit jeher
den Elefanten bietet weiche Nahrung.

Weit ab des Stroms der lauten Welt
befreit er sich von seiner letzten Bürde:
Er legt sich hin – der Vorhang fällt –
und stirbt im Arm des ew'gen Schlafs – mit Würde.

Die letzte Hand

Die Tränen ruh'n in deinen Augen,
ein Murmeln deinen Mund verlässt,
dein Herz mag nicht zum Schlag mehr taugen.
Ich halte deine Hand ganz fest.

Es läuft vor dir der Film des Lebens.
Uns Kindern bautest du ein Nest
im Einzelkampf – doch nie vergebens.
Ich halte deine Hand ganz fest.

Du tapfre Frau vergangener Tage
hauchst Willen in des Atems Rest,
auch jetzt kein Jammern, keine Klage.
Ich halte deine Hand ganz fest.

Du kannst nicht – nein – du willst nicht trinken,
stellst dich vor Gottes Angesicht,
lässt dich in seine Arme sinken,
hältst SEINE Hand – sie führt zum Licht.

Es ist gut

Stolz hast du deinen Weg beschritten,
warst ohne Angst und voller Mut,
als Kräfte deinem Leib entglitten.
Ich spüre es – so ist es gut.

Du hast mir jene Zeit gelassen
bis aus den Wangen wich die Glut,
den Tod als Abschied aufzufassen.
Ich spüre es – so ist es gut.

Du hast mein Sinnen umgewandelt,
weil in mir schmerzte noch die Wut,
dass man zuvor dich falsch behandelt'.
Ich spüre es – so ist es gut.

Du hast den Frieden nun gefunden
und mich gelehrt, was Liebe tut.
DU gabst mir Kraft die letzten Stunden.
Ich spüre es – so ist es gut.

Über tredition   www.tredition.de

Der tredition Verlag wurde 2006 in Hamburg ge-
gründet. Seitdem hat tredition Hunderte von Bü-
chern veröffentlicht. Autoren können in wenigen
leichten Schritten print-Books, e-Books und audio-
Books publizieren. Der Verlag hat das Ziel, die beste
und fairste Veröffentlichungsmöglichkeit für Auto-
ren zu bieten.
tredition wurde mit der Erkenntnis gegründet, dass
nur etwa jedes 200. bei Verlagen eingereichte Manu-
skript veröffentlicht wird. Dabei hat jedes Buch sei-
nen Markt, also seine Leser. tredition sorgt dafür,
dass für jedes Buch die Leserschaft auch erreicht
wird.
Autoren können das einzigartige Literatur-Netzwerk
von tredition nutzen. Hier bieten zahlreiche Litera-
tur-Partner (das sind Lektoren, Übersetzer, Hör-
buchsprecher und Illustratoren) ihre Dienstleistung
an, um Manuskripte zu verbessern oder die Vielfalt
zu erhöhen. Autoren vereinbaren unabhängig von
tredition mit Literatur-Partnern die Konditionen ih-
rer Zusammenarbeit und können gemeinsam am
Erfolg des Buches partizipieren.
Das gesamte Verlagsprogramm von tredition ist bei
allen stationären Buchhandlungen und Online-Buch-
händlern wie z. B. Amazon erhältlich. e-Books stehen
bei den führenden Online-Portalen (z. B. iBookstore
von Apple) zum Verkauf.
Seit 2009 bietet tredition sein Verlagskonzept auch
als sogenanntes "White-Label" an. Das bedeutet, dass

andere Personen oder Institutionen risikofrei und unkompliziert selbst zum Herausgeber von Büchern und Buchreihen unter eigener Marke werden können.

Mittlerweile zählen zahlreiche renommierte Unternehmen, Zeitschriften-, Zeitungs- und Buchverlage, Universitäten, Forschungseinrichtungen, Unternehmensberatungen zu den Kunden von tredition. Unter www.tredition-corporate.de bietet tredition vielfältige weitere Verlagsleistungen speziell für Geschäftskunden an.

tredition wurde mit mehreren Innovationspreisen ausgezeichnet, u. a. Webfuture Award und Innovationspreis der Buch-Digitale.

tredition ist Mitglied im Börsenverein des Deutschen Buchhandels.

Zeitfracht Medien GmbH
Ferdinand-Jühlke-Straße 7
99095 Erfurt, Deutschland
produktsicherheit@kolibri360.de